浙 江 省 交 通 运 输 厅
浙江省发展和改革委员会

浙江省公路工程施工监理招标文件范本

（2017 年版）

浙交〔2017〕184 号
自2017年11月20日起施行

人民交通出版社股份有限公司
China Communications Press Co.,Ltd.

图书在版编目(CIP)数据

浙江省公路工程施工监理招标文件范本. 2017年版 / 浙江省交通运输厅,浙江省发展和改革委员会组织编写. — 北京 : 人民交通出版社股份有限公司,2018.3

ISBN 978-7-114-14467-7

Ⅰ. ①浙… Ⅱ. ①浙… ②浙… Ⅲ. ①道路施工—施工监理—招标—文件—浙江 Ⅳ. ①U415.1

中国版本图书馆CIP数据核字(2017)第321610号

Zhejiang Sheng Gonglu Gongcheng Shigong Jianli Zhaobiao Wenjian Fanben

书　　名:浙江省公路工程施工监理招标文件范本(2017年版)
著 作 者:浙江省交通运输厅　浙江省发展和改革委员会
责任编辑:黎小东
出版发行:人民交通出版社股份有限公司
地　　址:(100011)北京市朝阳区安定门外外馆斜街3号
网　　址:http://www.ccpress.com.cn
销售电话:(010)59757973
总 经 销:人民交通出版社股份有限公司发行部
经　　销:各地新华书店
印　　刷:北京市密东印刷有限公司
开　　本:880×1230　1/16
印　　张:15.5
字　　数:325千
版　　次:2018年3月　第1版
印　　次:2018年3月　第1次印刷
书　　号:ISBN 978-7-114-14467-7
定　　价:80.00元

浙江省交通运输厅
浙江省发展和改革委员会 文件

浙交〔2017〕184号

关于印发《浙江省公路工程施工监理招标文件范本》(2017年版)和《浙江省水运工程施工监理招标文件范本》(2017年版)的通知

各市交通运输局(委)、发改委,义乌市交通运输局、发改委,嘉兴、舟山、台州市港航(务)局:

为加强我省公路水运工程施工监理招投标管理工作,进一步规范监理招投标市场行为,提高监理招投标文件的编制质量,促进监理市场健康有序发展,根据《中华人民共和国招标投标法》、《中华人民共和国招标投标法实施条例》、《电子招标投标办法》、《国家发展和改革委员会关于进一步放开建设项目专业服务价格的通知》(发改价格〔2015〕299号),交通运输部《公路工程建设项目招标投标管理办法》、《公路工程施工监理招标文件范本》、《水运工程施工监理招标投标管理办法》、《水运工程标准施工监理招标文件》,以及《浙江省招标投标条例》、《浙江省人民政府关于进一步严格规范工程建设项目招标投标活动的意见》、《浙江省公路水运工程施工监理招标投标管理实施细则》,在总结《浙江省公路工程施工监理招标文件范本》(2016年版)和《浙江省水运工程施工监理招标文件范本》(2016年版)使用经验基础上,结合我省电子招投标要求和公路水运工程施工监理招投标的新情况和新要求,省交通运输厅和省发展和改革委员会联合编制了《浙江省公路工程施工监理招标文件范本》(2017年版)和《浙江省水运工程施工监理招标文件范本》(2017年版)，现随文印发，自印发之日起施行。《浙江省公路工程施工监理招标文件范本》(2016年版)和《浙江省水运工程施工监理招标文件范本》(2016年版)同时废止。

自施行之日起，凡二级公路及以上公路工程和大中型水运工程的施工监理招标必须按《浙江省公路工程施工监理招标文件范本》(2017年版)和《浙江省水运工程施工监理招标文件范本》(2017年版)规定的格式和要求，结合工程实际情况编制招标文件。邀请招标及二级公路以下公路工程和小型水运工程的施工监理招标可参照执行。在实施过程中如发现问题和建议，请及时函告省交通工程监管局。

(联系人：陈文武，电话：0571-83789631)

浙江省交通运输厅

浙江省发展和改革委员会

2017年11月20日

抄送：交通运输部，省公路局、省港航局，各市交通质监站(局)、义乌市交通质监站。

浙江省交通运输厅办公室　　2017年11月20日印发

《浙江省公路工程施工监理招标文件范本》
（2017 年版）

审定委员会

主任委员：李志胜

委　　员：邵　宏　陈允法　寿　华　刘耿耿　方建新

余建平　王林祥　蒋　虹　张光年　丁正祥

顾　　问：张治中

编写人员

主　　编：陈尚新　吕聪儒　陈文武

编　　委：郑苗东　周　前　涂荣辉　查　敏　王海玲

陈　华　陈建青　杜怀德　陈海飞　郑　赟

顾　恒

前　　言

为加强我省公路工程施工监理招标投标管理工作，进一步规范我省公路工程监理招标投标市场行为，提高公路工程施工监理招标投标文件的编制质量，促进监理市场健康有序发展，我厅和省发展和改革委员会组织浙江省交通建设工程监督管理局、浙江远大公路水运工程咨询事务所编写了《浙江省公路工程施工监理招标文件范本》（2017 年版）（以下简称《范本》）。

《范本》依据《中华人民共和国招标投标法》、《中华人民共和国招标投标法实施条例》、《电子招标投标办法》、《国家发展和改革委员会关于进一步放开建设项目专业服务价格的通知》（发改价格〔2015〕299 号），交通运输部《公路工程建设项目招标投标管理办法》、《公路工程施工监理招标文件范本》，以及《浙江省招标投标条例》、《浙江省人民政府关于进一步严格规范工程建设项目招标投标活动的意见》、《浙江省公路水运工程施工监理招标投标管理实施细则》等法律、法规、规章和规范性文件要求，在总结《浙江省公路工程施工监理招标文件范本》（2016 年版）使用经验基础上，结合我省电子招标投标要求和公路工程施工监理招标投标的新情况和新要求编制而成。在编写过程中，广泛征求了交通运输主管部门和质量监督、建设、监理、招标代理等单位的意见，经过多次修改，经审定委员会审查通过。

《范本》共分四卷。第一卷包括招标公告、投标邀请书、投标人须知、评标办法、合同条款及格式、监理服务费报价；第二卷是图纸和资料；第三卷是技术标准；第四卷是投标文件格式。

《范本》是我省规范招标人编制监理招标文件的示范文本，也是投标人编制投标文件的重要参考资料。各地在使用过程中，如发现问题或有何建议，请及时告知浙江省交通建设工程监督管理局，以便改进与完善。

浙江省交通运输厅

二〇一七年十一月

编 制 说 明

一、《范本》修订背景

《公路工程施工监理招标文件范本》是全国公路工程施工监理通用的招标文件范本。随着《国家发展和改革委员会关于进一步放开建设项目专业服务价格的通知》(发改价格〔2015〕299号)、交通运输部《公路工程建设项目招标投标管理办法》(中华人民共和国交通运输部令2015年第24号)、《浙江省人民政府关于进一步严格规范工程建设项目招标投标活动的意见》(浙政发〔2014〕39号)等规范性文件的出台,综合我省公路工程施工监理招标投标工作中出现的许多新情况、新问题,我省以《浙江省公路工程施工监理招标文件范本》(2016年版)为基础,结合国家、省电子招标投标相关规定编制了《浙江省公路工程施工监理招标文件范本》(2017年版)。

二、《范本》编制依据

《范本》编制依据《中华人民共和国招标投标法》、《中华人民共和国招标投标法实施条例》、《电子招标投标办法》、《国家发展和改革委员会关于进一步放开建设项目专业服务价格的通知》(发改价格〔2015〕299号),交通运输部《公路工程建设项目招标投标管理办法》(中华人民共和国交通运输部令2015年第24号)、《公路工程施工监理招标文件范本》,以及《浙江省招标投标条例》、《浙江省人民政府关于进一步严格规范工程建设项目招标投标活动的意见》、《浙江省公路水运工程施工监理招标投标管理实施细则》、《关于在浙江省公共资源交易中心交易的省重点建设项目中全面推行电子招标投标的通知》(浙招标综合〔2016〕7号)等法律、法规、规章和规范性文件等要求。

三、《范本》适用范围

《范本》适用于二级及以上公路工程公开招标项目。邀请招标及二级以下公路工程施工监理招标可参照执行。

四、招标人编制招标文件的原则

1. 招标人应依据《范本》要求,结合各项目地理环境、项目性质、工程规模、技术标准、前期要求等情况,对某些章、条款进行适当的补充、细化或约定,形成符合工程特点的公路工程施工监理招标文件。

2. 招标人编制公路工程施工监理招标文件时,应体现公平、公正、公开原则,条件的设置不应有倾向性。

3. 招标人编制的公路工程施工监理招标文件是对《范本》的补充、细化或约定,除上位法调整外,一般不得修改“投标人须知”和“评标办法”正文,所有调整内容在“投标人须知”和“评标办法”前附表中完成，补充和细化的内容不得与“投标人须知”和“评标办法”正文内容相抵触。

4. 招标人在根据《范本》编制“专用合同条款”时，不得修改“通用合同条款”正文，可根据招标项目的具体特点和实际需要，对“通用合同条款”进行补充、细化，除“通用合同条款”明确“专用合同条款”可作出不同约定外，补充和细化的内容不得与“通用合同条款”强制性规定相抵触。同时，补充、细化或约定的不同内容，不得违反法律、行政法规的强制性规定和平等、自愿、公平和诚实信用原则。

5. 在各地市交易中心交易的电子招标投标项目，如各地市交易中心对电子招标投标另有规定的，可对相关内容在“投标人须知前附表”和“评标办法前附表”中进行补充和细化。

6. 招标人、投标人从招、投标开始至缺陷责任期结束，必须始终按照公路工程施工监理招标文件的要求规范各自的行为。

7. 招标人编制施工监理招标文件的主要依据：《中华人民共和国招标投标法》、《中华人民共和国招标投标法实施条例》、《浙江省招标投标条例》、交通运输部《公路工程施工监理招标文件范本》、《范本》以及经批准的项目初步设计和施工图文件等。

五、招标文件应明确的内容

根据招标文件编制依据，结合我省实际，提出下列有关内容，供招标人按照项目特点在编制《公路工程施工监理招标文件》时明确和选用。

(一)招标方式

公路工程建设项目监理招标分为公开招标和邀请招标，同时我省原则上采用资格后审方式。

招标人应当按照项目审批、核准时确定的招标范围、招标方式、招标组织形式开展招标。同时，在项目初步文件批准后，方可开展施工监理招标。

依法必须进行公开招标的公路工程建设项目，应当公开招标。但有下列情形之一的，经项目立项审批部门批准后，可以进行邀请招标：

1. 技术复杂或者有特殊要求的；

2. 符合条件的潜在投标人数量有限的；

3. 受自然地域环境限制的；

4. 公开招标的费用与工程监理费用相比，所占比例过大的；

5. 法律、法规规定不宜公开招标的。

国务院发展改革部门确定的国家重点项目和省人民政府确定的地方重点项目不适宜公开招标的，经国务院发展改革部门和省人民政府批准或核准，可以进行邀请招标。

(二)招标分类

施工监理招标一般采用工程监理总承包招标形式，工程规模较大或工程规模不大但部分专业较特殊的也可另行分标段招标。分标段招标时，应对工程实施的监理工作界面(含监理服务期)、责任及交验和缺陷责任期等作出明确规定。

(三)监理机构

我省公路工程监理机构均按一级监理机构设置。

(四)标段划分

招标人应当根据项目工程规模、批准的实施工期、施工标段的划分、有利建设管理等要求合理划分标段,并在招标文件中载明。不得利用划分标段规避招标、虚假招标、限制或者排斥潜在投标人。监理服务费大于50万元的房建、机电等专项工程应独立划分监理标段。

(五)服务目标

对第三方履约管理的服务目标:所辖施工标段交工质量评定均为90分及以上。

(六)投标人的合格条件

1. 监理人的试验检测工作可自建工地试验室,也可外委。在工程规模较小且项目实施地附近有满足项目试验需要的第三方检测机构时,招标文件中可要求监理人对试验检测工作委托有资质的第三方负责。在工程规模较大或项目实施地附近没有满足项目试验需要的第三方检测机构时,应明确要求监理人自建工地试验室。

2. 不建议招标人强制要求投标人同时具备监理资质和试验检测资质。

3. 监理人员的监理资格要求应按照《浙江省公路水运工程监理人员执业管理规定》的要求执行,其中资格审查要求中的主要监理人员包括:总监理工程师、副总监理工程师(可兼任,规模较小或工期1年内的项目可不设置)、桥梁或隧道专业监理工程师(主要是指项目中桥梁或隧道比较复杂时),上述人员应全部为投标人自有人员。以下人员:试验室主任、合同专业监理工程师(除总监理工程师外可兼任)、测量专业监理工程师(可兼任)、安全专业监理工程师(可兼任),以及道路、桥梁、隧道专业监理工程师(可根据项目实际需求设置)实行承诺制,在专用合同条款的监理服务人员要求中明确。

4. 对监理工程师数量的要求,应符合现行《公路工程施工监理规范》及我省有关规定配备要求。监理工程师配备数量提倡少而精。

5. 是否接受联合体投标:

(1)招标人应当在招标公告或者投标邀请书中载明是否接受联合体投标。招标人一般不接受联合体投标。

(2)招标人接受联合体投标的,联合体各方在同一招标项目中以自己名义单独投标或者参加其他联合体投标的,相关投标均无效。

(3)若招标人接受联合体投标,联合体所有成员数量一般不得超过2家。

接受联合体投标的,招标人可在“投标人须知前附表”中对联合体或联合体成员提出进一步要求,以便于潜在投标人判断其是否满足资格要求,进而决定是否参加本次招标。需要注意的是,根据《中华人民共和国招标投标法》第三十一条关于“联合体各方均应具备承担招标项目的相应能力”的规定,考核资格条件应以联合体协议书中规定的分工为依据,不承担联合体协议有关专业工程的成员,其相应的专业资质不作为该联合体成员中同一专业单位的资质进行考核。

(4)联合体投标的信用评价结果,应按联合体所有成员信用评价结果最低的进行计算。

(5)联合体投标的,应在投标文件中明确联合体所有成员的分工,发包人出具的交工验收证书、项目主管质量监督部门确认的监理项目评定书应以此为依据。

6. 是否允许分包:

公路工程施工监理项目不允许分包。

(七)资质条件、能力和信誉

1. 除省级及以上发展和改革委员会和交通运输主管部门作出的限制潜在投标人投标资格或禁止进入我省交通建设市场且处于有效期内的行政处罚外,招标人不得以不合理的条件(《中华人民共和国招标投标法实施条例》第三十二条规定)限制、排斥潜在投标人或者投标人。除《中华人民共和国招标投标法实施条例》第三十二条规定的情形外,招标人有下列行为之一的,属于以不合理的条件限制、排斥潜在投标人或者投标人:

(1)设定的资质、业绩、主要人员、财务能力、履约信誉等资格、技术、商务条件与招标项目的具体特点和实际需要不相适应或者与合同履行无关;

(2)强制要求潜在投标人或者投标人的法定代表人、企业负责人、技术负责人等特定人员亲自购买资格预审文件、招标文件或者参与开标活动;

(3)通过设置备案、登记、注册、设立分支机构等无法律、行政法规依据的不合理条件,限制潜在投标人或者投标人进入项目所在地进行投标。

2. 招标人招标时应严格按照交通运输部有关企业资质管理的规定,不得随意提高资质等级要求或让不符合资质条件的企业参加投标,企业的资质等级要求应与工程规模相适应。招标文件中的资格审查条件最低要求应与招标标段的规模内容相适应,不得随意提高或降低。

3. 同一项目同一次开标标段中所有企业只可参加 1 个标段的投标。

(八)招标文件售价

招标文件资料的费用要合情合理,统一规定:

1. 每套招标文件售价最高不超过 500 元;

2. 免费提供图纸电子版。

(九)招标投标时间安排

招标投标工作应按有关法定程序有序地进行,招标投标活动的时间安排应按有关规定执行,具体规定如下:

1. 自招标文件(资格后审)可以下载之日起至停止下载之日止,不得少于 5 日;

2. 依法必须进行招标的项目提交投标文件的时间自招标文件开始发出之日起至投标人提交投标文件截止之日止,不得少于 20 日;

3. 投标文件有效期一般为90 日；

4. 开标应当在招标文件确定的提交投标文件截止时间的同一时间、同一地点公开进行；

5. 招标人应当自确定中标人之日起15 日内，将招投标情况和中标结果以决标报告形式抄送有关招投标行政监督部门；

6. 招标人和中标人应自中标通知书发出之日起30 日内签订合同协议书；

7. 投标保证金有效期应当与投标有效期一致。

（十）评标方法与投标文件的组成

1. 我省公路工程监理项目均采用“技术打分制的综合评估法”（简称综合评估法）。

2. “评标办法前附表”用于明确评标的方法、因素、标准和程序。招标人应根据招标项目具体特点和实际需要，详细列明全部评审因素、标准，没有列明的因素和标准不得作为评标的依据。

3. 综合评估法应采用双信封形式，即：投标文件应采用双信封密封，第一个信封内为商务及技术文件，第二个信封内为报价文件。在开标前电子投标文件通过电子交易平台提交，纸质投标文件在开标现场提交给招标人。投标文件两个信封先后分别开标，分别评审，而后综合评分。招标评标程序详见评标办法。

4. 招标人应根据项目具体情况确定各评分因素及评分因素权重分值，并对各评分因素进行细分、确定各评分因素细化分项的分值，各评分因素权重分值合计应为100 分。各评分因素（评标价除外）得分均不应低于其权重分值的60%，且各评分因素得分应以评标委员会各成员的打分平均值确定，该平均值以去掉一个最高分和一个最低分后计算。评标价所占权重不应超过10%。

5. 投标文件编制、包装方式和标记及如何开标、开标后如何保管，均应在“投标人须知前附表”中明确。

6. 凡评标委员会拟作出否决投标决定的，应先向投标人进行询问核实。未进行询问核实程序的，不得作出否决投标决定（投标人所留联系方式无法联系上、在限定时间内投标人不参加询问核实或未出具答复意见的除外）。

（十一）偏离

偏离即偏差，偏差分重大偏差和细微偏差。重大偏差视为对招标文件未作出实质性响应，按否决投标处理。招标文件中应允许细微偏差，不允许重大偏差。

（十二）投标保证金

1. 投标保证金应按招标人规定的固定金额计列。投标保证金不得超过招标项目（标段）估算价的2%，最高不得超过80 万元人民币，在“投标人须知前附表”中明确。

2. 投标保证金的形式可采用投标银行保函、电汇等方式，一般可用电汇，不宜交纳现金。有关行政监督部门对投标保证金的形式另有规定的，可从其规定。

3. 若采用电汇，投标人应在“投标人须知前附表”规定的投标保证金递交截止时间之前，将投标保证金由投标人的基本账户一次性汇入招标人指定账户，否则视为投标保证金无效。招标人的开户银行及账号应在“投标人须知前附表”中明确。

（十三）评标委员会的组建

评标委员会人数一般为5人及以上且单数。评标委员会成员（包括招标人代表）不得与投标人有利害关系。

省重点建设工程项目的评标专家应当从省综合评标专家库相关行业中抽取，但交通运输部负责初步设计审批的高速公路、一级公路、独立桥梁和独立隧道项目，评标委员会专家应当从国家重点公路工程建设项目评标专家库相关专业中随机抽取。

原则上招标人不派代表参加评标委员会。确需参加的，只允许派1名代表参加，并以1:2的人数随机抽取的方式产生，且招标人代表不得担任评标委员会主任。

（十四）评标基准价

公路工程监理招标应设置评标基准价。

评标基准价由评标委员会计算、复核并签字确认。除计算差错外，确认后的评标基准价在本次招标期间保持不变。

计算差错，仅限于以下两种情况：①纯算术性四则运算差错；②未按约定的计算方法，多计或少计投标人报价。由于评标差错，导致否决投标错误，重新评标纠正等其他情况，不属于计算差错。

若$m \leq 3$，则直接计算m个投标人的评标价算术平均值；

若$3 < m \leq 10$，则去除最低报价、次低报价和最高报价，然后计算其余$m-3$个投标人的评标价算术平均值；

若$10 < m \leq 20$，则去除最低报价、次低报价、第三低报价、第四低报价、最高报价、次高报价，然后计算其余$m-6$个投标人的评标价算术平均值；

若$20 < m \leq 30$，则去除最低报价、次低报价、第三低报价、第四低报价、第五低报价、第六低报价和最高报价、次高报价、第三高报价，然后计算其余$m-9$个投标人的评标价算术平均值；

若$30 < m \leq 40$，则去除最低报价、次低报价、第三低报价、第四低报价、第五低报价、第六低报价、第七低报价、第八低报价、最高报价、次高报价、第三高报价、第四高报价，然后计算其余$m-12$个投标人的评标价算术平均值；

若$m > 40$，依次类推计算。

注：m为所有通过第一个信封初步评审、详细评审及第二个信封初步评审、详细评审的投标人数量。

（十五）履约担保

1. 担保金额：根据浙江省交通运输厅最新信用评价结果，信用评价结果为AA、A等级信用企业为签约合同价的3%，信用评价结果为B、C等级信用企业为签约合同价的4%，信用评价结果为D等级信用企业为签约合同价的5%。

2. 担保形式：履约担保应采用履约银行保函形式。银行保函应由投标人从县（区、市）级支行及以上银行开具，并保证其有效。

上述内容应在“投标人须知前附表”中予以规定。

（十六）动员预付款的支付与扣回

1. 动员预付款的比例：一般为监理服务费总额的 10%，招标人不得随意减少；

2. 动员预付款的支付：合同签订后 7 日内支付；

3. 动员预付款的扣回：发包人在每期支付的同时按动员预付款的 20% 分期扣回该款项，直至扣足动员预付款为止。

（十七）支付期限

发包人采用分期支付的方式向监理人支付监理服务费。监理人于每期支付的当月 7 日前将该期监理服务费支付申请上报发包人，发包人应在收到监理支付申请后 7 日内予以审批，在批复后 14 日内向监理人支付监理服务费。

（十八）监理服务期

考虑我省的工程实际情况与监理服务费支付的可操作性，《范本》将监理服务期规定如下：

监理服务期包括施工阶段监理服务期和缺陷责任期阶段监理服务期。其中，施工阶段监理服务期包含施工准备期、施工及交工验收期的监理服务期，自监理合同签订之日至签发合同工程交工验收证书之日止；缺陷责任阶段监理服务期自合同工程交工验收证书签发之日至缺陷责任终止证书签发之日止。房建工程、机电工程缺陷责任期之后的保修期不纳入监理服务期。

（十九）监理服务费的调整

因增加附加监理服务、额外服务，监理服务费用应进行调整。工程概算（或预算）变化时（附加服务、额外服务所含内容除外），监理服务费用不予调整。

（二十）监理办标准化

招标人在编制招标文件时应按《浙江省公路水运工程监理办标准化实施细则》的相关要求，列明监理人需配备的生活、办公用房及必需的办公、生活设施、交通工程、通信工程以及各种测量仪器。

（二十一）缺陷责任期阶段监理人员安排

招标人在编制招标文件时，应根据项目规模大小及监理服务期合理安排缺陷责任阶段监理人月数，不要求常驻现场，人月数的安排应以监理人能按时按需处理缺陷责任阶段监理事宜为前提。

（二十二）违约处理

为了确保工程的实施，督促监理人、发包人认真履行合同，有必要在“专用合同条款”中以课以违约金等的方式对监理人、发包人的违约行为予以处理。

所有需要对监理人作违约处理及相对应的违约处理条款应在“监理人的违约及赔偿

责任”中予以明确。

所有需要对发包人作违约处理及相对应的违约处理条款应在“发包人违约及赔偿责任”中予以明确。

监理人的违约及赔偿限额为监理服务费总价的30%。

(二十三)廉政合同、安全监理责任合同、工程质量责任合同、环境保护监理责任合同

为了加强公路工程建设项目的廉政、安全、工程质量、环境保护的管理，发包人与监理人在签订工程合同协议书的同时，必须签订廉政合同、安全监理责任合同、工程质量责任合同、环境保护监理责任合同。上述合同的格式应附在招标文件中。

(二十四)结果公示

评标结束后，招标人将评标结果、投标人投标不良行为、否决投标原因及依据，以及中标候选人与中标有关的类似项目业绩情况在发布招标公告的媒体及相关的交易中心公示，公示时间不少于3天。

(二十五)行贿查询

对公示的推荐中标候选人和拟委任的总监理工程师，招标人应向检察机关职务犯罪预防部门进行行贿犯罪档案查询，查实中标候选人或拟委任的总监理工程师近3年有行贿犯罪行为的(以检察机关出具的行贿犯罪档案查询结果为准，时间以法院判决书判决日期为准)，取消该中标候选人的中标资格。

(二十六)招标监督

招标工作必须公开接受社会监督。监督机构要在“投标人须知前附表”中明确，根据国家招标投标法第七条规定，一般应由交通运输主管部门和有关行政监督部门依法进行监督。

(二十七)投诉处理

1. 潜在投标人或者其他利害关系人对招标文件有异议的，应当在投标截止时间10日前向招标人提出。招标人应当自收到异议之日起3日内作出答复；作出答复前，应当暂停招标投标活动。

2. 投标人对开标有异议的，应当在开标现场提出。招标人应当场作出答复，并制作记录。

3. 投标人或者其他利害关系人对依法必须进行招标的项目的评标结果有异议的，应当在中标候选人公示期间提出。招标人应当自收到异议之日起3日内作出答复；作出答复前，应当暂停招标投标活动。

4. 投标人或者其他利害关系人认为招标投标活动不符合法律、行政法规规定的，可以自知道或者应当知道之日起10日内向省招标办投诉。投诉应当有明确的请求和必要的证明材料。

就上述1~3项进行投诉的，应当先向招标人提出异议，异议答复期间不计算在前款规定的期限内。

六、招标文件编制要求

为提高招标文件的编制质量和效率，根据我省情况，对相应内容和要求进行了规范和统一，编制完成了《范本》供各地使用。

1.《范本》用相同序号标示的章、节、条、款、项、目，供招标人选择使用，招标人选择其中一种后，应删除其余序号相同的内容；以空格标示的由招标人填写的内容，招标人应根据招标项目具体特点和实际需要具体化，确实没有需要填写的，在空格中用“/”标示。

2. 招标人按照《范本》第一章的格式发布招标公告后，编入招标文件中，作为招标文件的组成部分。其中，招标公告应同时注明发布的所有媒介名称。

3. 第三章“评标办法”前附表应列明全部评审因素和评审标准，并在本章（前附表及正文）标明投标人不满足其要求即导致否决投标的全部条款。否决投标条款应以醒目的方式提示。

4. 第七章“技术标准”由“通用施工监理规范”“专用施工监理规范”和“施工技术规范”组成。其中，“专用施工监理规范”由招标人根据《范本》、招标项目具体特点和实际需要编制。

5.《公路工程施工监理招标文件》的纸张规格统一为A4纸，字体大小、表格格式、装订方式均参照《范本》办理。

6. 招标人具备《中华人民共和国招标投标法实施条例》第十条规定招标条件的可自行编制招标文件，不具备条件的应委托有相应资质的招标代理机构编制。招标文件完成后应报交通运输主管部门备案。备案后的招标文件方能出售或上传网站、提供下载。招标文件如需修改或补遗，对招标文件有实质性改变的，应以补遗书形式报原备案部门备案后才能编号发布。

七、招标文件审备程序

（一）招标程序

1. 明确招标方式，采用邀请招标的，应按规定报相关行政主管部门审批、核准；

2. 编制招标文件，并报相关行政主管部门备案；

3. 采用公开招标的，发布招标公告；采用邀请招标的，发出投标邀请书；

4. 网上发布招标文件；

5. 组织踏勘现场，召开投标预备会；

6. 投标人上传投标文件，公开开标；

7. 组建评标委员会评标，推荐中标候选人；

8. 评标结果公示；

9. 确定中标人，发出中标通知书；

10. 中标结果报相关行政主管部门备案，与中标人签订合同；

11. 合同协议书报相关行政主管部门备案。

（二）审备内容

招标文件（含补遗书）。

（三）审备权限和程序

审备权限和程序按照国家及省有关规定办理。

__________(项目名称)施工监理

招 标 文 件

招 标 人:__________(盖单位电子公章)①

招标代理:__________(盖单位电子公章)

______年____月____日

① 如采用的是非电子招标,则盖单位公章。

目　　录

第　一　卷

第　二　卷

第　三　卷

第　四　卷

第　一　卷

第一章　招标公告/投标邀请书

第一章　招标公告[①](适用电子招标)

____________(项目名称)施工监理招标公告

1. 招标条件

本招标项目__________(项目名称)已由__________(项目审批、核准或备案机关名称)以__________(批文名称及编号)批准建设,施工图已由__________(批文名称及编号)批复,项目业主为__________,建设资金来自__________(资金来源),招标人为______。本项目已具备招标条件,现对本项目的施工监理进行公开招标,实行资格后审。主要工程数量和资格审查条件详见__________[②]。

2. 项目概况与招标范围

2.1　项目建设地点:____。

2.2　项目规模及技术标准:____。项目建设概况详见投标人须知附件七。

2.3　计划施工工期:____年____月____日至____年____月____日,共____个月。

2.4　招标范围:____。

2.5　监理标段划分及其监理服务期[③]:(需明确监理标段长度、桩号、工程主要内容、监理服务期)。

3. 投标人资格要求

3.1　本次招标要求投标人具备独立法人资格、交通运输主管部门核发的________资质[④],并在监理业绩、监理人员和履约信誉等方面具有相应监理经验和能力。

□3.2　本次招标不接受联合体投标。

□3.2　本次招标接受联合体投标。

---

① 范本中以“浙江省公共资源交易中心电子招投标交易平台”为例,可根据交易场所及“电子交易平台”不同作相应修改。

② 发布招标公告的媒体。

③ 监理服务期包括施工阶段(含施工准备期、施工及交工验收期)和缺陷责任期阶段。单独对土建工程的监理进行招标的,应将施工及交工验收期按施工期、交工验收期分别列明,下同。

④ 招标人在满足国家相关法律、法规的前提下,根据招标项目特点和实际情况确定具体的资质要求。

联合体投标的,应满足下列要求:________________________。

3.3　所有监理企业只能参加 1 个监理标段的投标。

3.4　与招标人存在利害关系可能影响招标公正性的法人、其他组织或者个人,不得参加投标;单位负责人为同一人或者存在控股(含法定代表人控股)、管理关系的不同单位,不得同时参加本标段投标,否则均按否决投标处理。

4. 招标文件的获取①

4.1　本项目招标文件(含招标图纸)和补遗书(补充、澄清、修改文件)以网上下载方式发放。

4.2　招标文件(含招标图纸)网上下载发放时间:____年____月____日至____年____月____日②。

4.3　潜在投标人可凭本企业 CA 数字证书登录“浙江省公共资源交易中心电子招投标交易平台(http://new.zmctc.com)”,并交纳当月的交易席位费及在线支付招标文件工本费后,在本公告下方下载招标文件和补遗书(补充、澄清、修改文件)。参加多个标段投标的投标人必须分别购买、下载相应标段的招标文件,并对每个标段单独递交投标文件。

4.4　未取得浙江省公共资源交易中心 CA 数字证书的潜在投标人,应先办理交易主体注册手续,取得浙江省公共资源交易中心 CA 数字证书,具体登记办法请登录“电子交易平台”→“交易主体注册”栏目进行操作。

4.5　潜在投标人对招标文件有疑问的,通过交易平台提交。提交疑问截止日为____年____月____日____时____分(北京时间,下同)。招标人将于____年____月____日在网上发布补遗书(补充、澄清、修改文件)。潜在投标人应自行关注网站公告,招标人不再一一通知。投标人因自身贻误行为导致投标失败的,责任自负。

4.6　招标文件每套售价人民币____元,售后不退。

5. 投标文件的递交③

□5.1　招标人不组织工程现场踏勘,不召开投标预备会。

□5.1　招标人将于下列时间和地点组织进行工程现场踏勘并召开投标预备会。

踏勘现场时间:______________,集中地点:______________;

投标预备会时间:______________,地点:______________。

5.2　投标文件递交截止时间:____年____月____日____时____分。

5.3　投标文件递交方式:电子投标文件采用网上递交的方式,上传至浙江省公共

---

① 招标文件的获取方式可根据各地市交易中心的要求进行补充、细化。

② 招标文件下载时间不得少于 5 个工作日。

③ 投标文件的递交方式应根据各地交易中心的要求进行细化。

资源交易中心电子招投标交易平台(http://new.zmctc.com)。

□本次招标不需提供纸质投标文件。

□纸质投标文件及采用现场递交方式,递交地址:________________。

5.4　超过投标截止时间上传的投标文件,电子交易平台将不予受理。

6. 发布公告的媒介①

本次招标公告在__________(发布公告的媒介名称)上发布。

7. 联系方式

招 标 人:__________	招标代理机构:__________
地　　址:__________	地　　址:__________
邮政编码:__________	邮政编码:__________
电　　话:__________	电　　话:__________
传　　真:__________	传　　真:__________
电子邮箱:__________	电子邮箱:__________
联 系 人:__________	联 系 人:__________
	招 标 人:______(全称)______
	日　　期:____年____月____日

① 招标人应当在国家法律、法规规定的报刊、信息网络以及浙江交通网上发布公告。公告发布时应将投标人须知附录"资格审查条件"一起发布,确保潜在投标人能清楚地了解项目具体要求。

第一章　招标公告(适用非电子招标)

______(项目名称)施工监理招标公告

1. 招标条件

本招标项目______(项目名称)已由______(项目审批、核准或备案机关名称)以______(批文名称及编号)批准建设,施工图已由______(批文名称及编号)批复,项目业主为______,建设资金来自______(资金来源),招标人为______。本项目已具备招标条件,现对本项目的施工监理进行公开招标,实行资格后审。主要工程数量和资格审查条件详见______[①]。

2. 项目概况与招标范围

2.1　项目建设地点:______。

2.2　项目规模及技术标准:______。

2.3　计划施工工期:____年____月____日至____年____月____日,共____个月。

2.4　招标范围:______。

2.5　监理标段划分及其监理服务期[②]:(需明确监理标段长度、桩号、工程主要内容、监理服务期)。

3. 投标人资格要求

3.1　本次招标要求投标人具备独立法人资格、交通运输主管部门核发的______资质[③],并在监理业绩、监理人员和履约信誉等方面具有相应监理经验和能力。

3.2　本次招标______(接受或不接受)联合体投标[④]。联合体投标的,应满足下列要求:______。

3.3　所有监理企业只能参加 1 个监理标段的投标。

① 发布招标公告的媒体。

② 监理服务期包括施工阶段(含施工准备期、施工及交工验收期)和缺陷责任期阶段单独对土建工程的监理进行招标的,应将施工及交工验收期按施工期、交工验收期分别列明,下同。

③ 招标人在满足国家相关法律、法规的前提下,根据招标项目特点和实际情况确定具体的资质要求。

④ 除含房建、机电等专项监理内容的项目外,一般不宜采用联合体招标形式。

3.4　与招标人存在利害关系可能影响招标公正性的法人、其他组织或者个人,不得参加投标;单位负责人为同一人或者存在控股(含法定代表人控股)、管理关系的不同单位,不得同时参加本标段投标,否则均按否决投标处理。

4. 招标文件的获取①

4.1　凡有意参加投标者,请于____年____月____日至____年____月____日②(法定公休日、法定节假日除外),每日上午____时____分至____时____分,下午____时____分至____时____分(北京时间,下同),持营业执照副本原件、资质证书副本原件、交易证原件、单位介绍信、经办人身份证原件及上述资料复印件一套,到__________(详细地址)购买招标文件。

4.2　招标文件每套售价人民币____元③,逾期不售,售后不退。

5. 投标文件的递交

5.1　招标人将于下列时间和地点组织进行工程现场踏勘并召开投标预备会。

踏勘现场时间:____年____月____日____时,集中地点:______________;

投标预备会时间:____年____月____日____时,地点:________________。

5.2　投标文件递交的截止时间(投标截止时间,下同)为____年____月____日____时____分④,投标人应于当日____时____分至____时____分将投标文件递交至__________(详细地址)。

5.3　开标时间同投标截止时间。

5.4　逾期送达的或者未送达指定地点的投标文件,招标人不予受理。

6. 发布公告的媒介⑤

本次招标公告在(发布公告的媒介名称)上发布。

7. 联系方式

招　标　人:____________________	招标代理机构:________________
地　　　址:____________________	地　　　址:____________________
邮政编码:____________________	邮政编码:____________________

---

① 招标文件的获取方式应根据各地交易中心的要求进行细化。

② 招标文件发售时间不得少于5个工作日。

③ 招标文件售价应根据编制成本确定,最多不超过500元。

④ 招标文件出售之日起至投标文件递交截止时间止不少于20天。

⑤ 招标人应当在国家法律、法规规定的报刊、信息网络以及浙江交通网上发布公告。公告发布时应将投标人须知附录"资格审查条件"一起发布,确保潜在投标人能清楚地了解项目具体要求。

电　　话:______________	电　　话:______________
传　　真:______________	传　　真:______________
电子邮箱:______________	电子邮箱:______________
联 系 人:______________	联 系 人:______________
	招 标 人:（全称）(盖公章)
	日　　期:____年____月____日

第一章 投标邀请书[①]
(适用电子招标的邀请招标)

____________(项目名称)施工监理投标邀请书

致:____________________(被邀请单位名称)

1. 招标条件

本招标项目__________(项目名称)已由__________(项目审批、核准或备案机关名称)以__________(批文名称及编号)批准建设,施工图已由__________(批文名称及编号)批复,项目业主为______,建设资金来自______(资金来源),招标人为______。本项目已具备招标条件,现邀请你单位参加本项目施工监理的投标,资格后审。

2. 项目概况与招标范围

2.1 项目建设地点:____。

2.2 项目规模及技术标准:____。项目建设概况详见投标人须知附件七。

2.3 计划施工工期:____年____月____日至____年____月____日,共____个月。

2.4 招标范围:____。

2.5 监理标段划分及其监理服务期[②]:(需明确监理标段长度、桩号、工程主要内容、监理服务期)。

3. 投标人资格要求

3.1 本次招标要求投标人具备独立法人资格、交通运输主管部门核发的________资质[③],并在监理业绩、监理人员和履约信誉等方面具有相应监理经验和能力。

□3.2 本次招标不接受联合体投标。

---

① 根据《浙江省招标投标条例》第十二条,属于省重点工程建设项目的,其邀请招标应当经人民政府批准,其他项目,其邀请招标应当经项目审批部门核准。

② 监理服务期包括施工阶段(含施工准备期、施工及交工验收期)和缺陷责任期阶段。单独对土建工程的监理进行招标的,应将施工及交工验收期按施工期、交工验收期分别列明,下同。

③ 招标人在满足国家相关法律、法规的前提下,根据招标项目特点和实际情况确定具体的资质要求。

□3.2　本次招标接受联合体投标。

联合体投标的,应满足下列要求:____________________________。

3.3　所有监理企业只能参加 1 个监理标段的投标。

3.4　与招标人存在利害关系可能影响招标公正性的法人、其他组织或者个人,不得参加投标;单位负责人为同一人或者存在控股(含法定代表人控股)、管理关系的不同单位,不得同时参加本标段投标,否则均按否决投标处理。

4. 招标文件的获取①

4.1　凡有意参加投标者可凭本企业 CA 数字证书登录"浙江省公共资源交易中心电子招投标交易平台(http://new.zmctc.com)",并交纳当月的交易席位费及在线支付招标文件工本费后,在本邀请书下方下载招标文件和补遗书(补充、澄清、修改文件)。

4.2　未取得浙江省公共资源交易中心 CA 数字证书的潜在投标人,应先办理交易主体注册手续,取得浙江省公共资源交易中心 CA 数字证书,具体登记办法请登录"电子交易平台"→"交易主体注册"栏目进行操作。

4.3　潜在投标人对招标文件有疑问的,通过交易平台提交。提交疑问截止时间为____年____月____日____时____分(北京时间,下同)。招标人将于____年____月____日在网上发布补遗书(补充、澄清、修改文件)。潜在投标人应自行关注网站公告,招标人不再一一通知。投标人因自身贻误行为导致投标失败的,责任自负。

4.4　招标文件每套售价人民币____元②,逾期不售,售后不退。

5. 投标文件的递交

□5.1　招标人不组织工程现场踏勘,不召开投标预备会。

□5.1　招标人将于下列时间和地点组织进行工程现场踏勘并召开投标预备会。

踏勘现场时间:______________,集中地点:______________;

投标预备会时间:______________,地点:________________。

5.2　投标文件递交截止时间:____年____月____日____时____分。

5.3　投标文件递交方式:电子投标文件采用网上递交的方式,上传至浙江省公共资源交易中心电子招投标交易平台(http://new.zmctc.com),纸质投标文件采用现场递交方式,递交地址:____________________。

5.4 超过投标截止时间上传的投标文件,电子交易平台将不予受理。

6. 确认

你单位收到本投标邀请书后,请于____年____月____日____时前以书面形式回函

---

① 招标文件的获取方式应根据各地交易中心的要求进行细化。

② 招标文件售价应根据编制成本确定,最多不超过 500 元。

确认是否参加投标。

7. 联系方式

招 标 人:____________________	招标代理机构:________________
地　　址:____________________	地　　址:____________________
邮政编码:____________________	邮政编码:____________________
电　　话:____________________	电　　话:____________________
传　　真:____________________	传　　真:____________________
电子邮箱:____________________	电子邮箱:____________________
联 系 人:____________________	联 系 人:____________________
	招 标 人:(全称)(盖电子公章)
	日　　期:_____年_____月_____日

第一章　投标邀请书[①]
(适用非电子招标的邀请招标)

____________(项目名称)施工监理投标邀请书

致:____________________(被邀请单位名称)

1. 招标条件

本招标项目__________(项目名称)已由__________(项目审批、核准或备案机关名称)以__________(批文名称及编号)批准建设,施工图已由__________(批文名称及编号)批复,项目业主为______,建设资金来自______(资金来源),招标人为______。本项目已具备招标条件,现邀请你单位参加本项目施工监理的投标,资格后审。

2. 项目概况与招标范围

2.1　项目建设地点:____。

2.2　项目规模及技术标准:____。项目建设概况详见投标人须知附件七。

2.3　计划施工工期:____年____月____日月至____年____月____日月,共____个月。

2.4　招标范围:____。

2.5　监理标段划分及其监理服务期[②]:(需明确监理标段长度、桩号、工程主要内容、监理服务期)。

3. 投标人资格要求

3.1　本次招标要求投标人具备独立法人资格、交通运输主管部门核发的________资质[③],并在监理业绩、监理人员和履约信誉等方面具有相应监理经验和能力。

---

① 据浙《江省招标投标条例》第十二条,属于省重点工程建设项目的,其邀请招标应当经人民政府批准,其他项目,其邀请招标应当经项目审批部门核准。

② 监理服务期包括施工阶段(含施工准备期、施工及交工验收期)和缺陷责任期阶段。单独对土建工程的监理进行招标的,应将施工及交工验收期按施工期、交工验收期分别列明,下同。

③ 招标人在满足国家相关法律、法规的前提下,根据招标项目特点和实际情况确定具体的资质要求。

3.2　本次招标____________(接受或不接受)联合体投标[①]。联合体投标的，应满足下列要求：____________。

3.3　所有监理企业只能参加1个监理标段的投标。

3.4　与招标人存在利害关系可能影响招标公正性的法人、其他组织或者个人，不得参加投标；单位负责人为同一人或者存在控股(含法定代表人控股)、管理关系的不同单位，不得同时参加本标段投标，否则均按否决投标处理。

4. 招标文件的获取[②]

4.1　凡有意参加投标者，请于____年____月____日至____年____月____日[③](法定公休日、法定节假日除外)，每日上午____时____分至____时____分，下午____时____分至____时____分(北京时间，下同)，持本邀请书、营业执照副本原件、资质证书副本原件、交易证原件、单位介绍信、经办人身份证原件及上述资料复印件一套，到____________(详细地址)购买招标文件。

4.2　招标文件每套售价人民币____元[④]，逾期不售，售后不退。

5. 投标文件的递交

5.1　招标人将于下列时间和地点组织进行工程现场踏勘并召开投标预备会。

踏勘现场时间：____年____月____日____时，集中地点：______________；

投标预备会时间：____年____月____日____时，地点：______________。

5.2　投标文件递交的截止时间(投标截止时间，下同)为____年____月____日____时____分[⑤]，投标人应于当日____时____分至____时____分将投标文件递交至____________(详细地址)。

5.3　开标时间同投标截止时间。

5.4　逾期送达的或者未送达指定地点的投标文件，招标人不予受理。

6. 确认

你单位收到本投标邀请书后，请于____年____月____日____时前以书面形式回函确认是否参加投标。

7. 联系方式

招　标　人：____________________　　招标代理机构：________________

① 除含房建、机电等专项监理内容的项目外，一般不宜采用联合体招标形式。

② 招标文件的获取方式应根据各地交易中心的要求进行细化。

③ 招标文件发售时间不得少于5个工作日。

④ 招标文件售价应根据编制成本确定，最多不超过500元。

⑤ 招标文件出售之日起至投标文件递交截止时间止不少于20天。

地　　址：________	地　　址：________
邮政编码：________	邮政编码：________
电　　话：________	电　　话：________
传　　真：________	传　　真：________
电子邮箱：________	电子邮箱：________
联 系 人：________	联 系 人：________
	招 标 人：（全称）（盖公章）
	日　　期：____年____月____日

第二章　投标人须知

第二章　投标人须知[①](适用电子招标)

投标人须知前附表[②]

条款号	条款名称	编列内容
1.1.2	招标人	名　　称:________ 地　　址:________ 邮政编码:________ 电　　话:________ 传　　真:________ 电子邮箱:________ 联 系 人:________
1.1.3	招标代理机构	名　　称:________ 地　　址:________ 邮政编码:________ 电　　话:________ 传　　真:________ 电子邮箱:________ 联 系 人:________
1.1.4	项目名称	
1.1.5	建设地点	
1.1.6	规模	本监理标段规模:(需明确监理标段长度、桩号、工程主要内容、监理服务期)
1.1.7	相应概算及施工图预算金额[③]	本次监理招标相对应的施工标段概算金额:约____万元。 本次监理招标相对应的施工标段施工图预算金额:约____万元
1.2.1	资金来源	
1.2.2	资金落实情况	

① 范本中以“浙江省公共资源交易中心电子招投标交易平台”为例,可根据交易场所及“电子交易平台”不同作相应修改。

② 如某栏对本工程不适用,应在相应栏中用“/”表示。本表各项应无例外一一填写,除“/”外,不得留空白。若某日期暂时无法确定,可先填计划日期。

③ 概算金额必须填写,施工图预算金额可根据项目情况填写。

续上表

条款号	条 款 名 称	编 列 内 容
1.3.1	招标范围	
1.3.2	监理服务阶段	监理服务期包括施工阶段(含施工准备期、施工及交工验收期)、缺陷责任期阶段
1.3.3	监理工作范围	对工程施工质量监理、安全监理、环境保护监理、进度监理、费用监理、合同和其他事项管理及有关协调等
1.3.4	对第三方履约管理的服务目标	所辖施工标段交工质量评定均为 90 分及以上
1.3.5	施工工期和监理服务期	本项目施工工期为____个月;监理服务期为____个月(其中施工阶段监理____个月,缺陷责任期阶段监理____个月)
1.4.1(1)	资质条件	见投标人须知附录 1
1.4.1(2)	业绩要求	见投标人须知附录 2
1.4.1(3)	总监理工程师资格要求	见投标人须知附录 3
1.4.1(4)	其他主要监理人员资格要求	见投标人须知附录 3
1.4.1(5)	信誉要求	见投标人须知附录 4
1.4.1(6)	财务要求①	
1.4.1(7)	其他要求②	
1.4.2	是否接受联合体投标	□不接受 □接受,应满足以下要求: (1)联合体所有成员数量不得超过____家; (2)联合体牵头人应具有__________资质; (3)______________________________
1.9.1	踏勘现场	□不组织 □组织 踏勘时间:__________________________ 踏勘集中地点:______________________

---

① 一般不作要求,用"/"表示。

② 一般不作要求,用"/"表示。

续上表

条款号	条 款 名 称	编 列 内 容
1.10.1	投标预备会	□不召开 □召开 召开时间:________ 召开地点:________
1.10.2	投标人提出问题的截止时间	/
1.10.3	招标人书面澄清的时间	/
1.11	分包	本项目严禁转包和分包
2.1(9)	构成招标文件的其他材料	招标人在招标期间按规定向相关主管部门备案后的标有编号的补遗书和其他正式函件(如有)
2.2.1	投标人要求澄清招标文件的截止时间	提出疑问的方式:通过"电子交易平台"→"业务管理"→"网上提问"在线提出。 提出疑问的截止时间:见招标公告
2.2.2	投标截止时间	见招标公告
3.1	投标文件的组成	3.1.1　投标文件应包括下列内容: **第一个信封(商务及技术文件)** (1)投标函; (2)法定代表人身份证明或附有法定代表人身份证明的授权委托书; (3)联合体协议书(如有); (4)投标保证金; (5)监理机构; (6)资格条件审查资料; (7)投标人须知前附表规定的其他材料; (8)监理大纲; **第二个信封(报价文件)** (9)报价函; (10)监理服务费投标报价表。 3.1.2　投标人须知前附表规定不接受联合体投标的,或投标人没有组成联合体的,投标文件不包括本章第3.1.1(3)目所指的联合体协议书

续上表

条款号	条款名称	编列内容
3.2.3	监理服务费报价方式	本项目设置投标控制价[①],投标控制价为:____万元。 投标人的投标报价应控制在招标人设定的投标控制价(含)以内,高于投标控制价的报价作否决投标处理
3.3.1	投标有效期	递交投标文件截止之日后____日[②]内。
3.4.1	投标保证金的递交[③]	□不要求递交投标保证金 □要求递交投标保证金 本项目的投标保证金委托浙江省公共资源交易中心投标保证金电子收付平台("招投标银保通")统一收付,具体操作见"电子交易平台"。 专户名称:浙江省公共资源交易中心投标保证金专户 专户账号:33001616127059168168 开户银行:中国建设银行股份有限公司杭州宝石支行 (1)投标保证金的金额:不少于____万元。 (2)投标保证金有效期:投标保证金有效期与投标有效期一致。 (3)投标保证金的缴存方式: a. 银行转账:柜面转账(电汇)、网银支付。 注:银行转账形式缴存的投标保证金应当从其基本账户或投标专用账户转出。 b. 银行保函:"招投标银保通"平台认可的银行保函。 c. 投标保证金联保方式保证:省招标投标协会出具的"投标保证金联保证明"。 (4)投标保证金的缴存时间: 投标人须在投标截止日前一天的22:00(北京时间)前一次性足额将投标保证金缴存至省交易中心投标保证金专户,并与投标项目(标段)关联成功,否则视为未按招标文件要求缴纳投标保证金。

① 投标控制价应在招标文件中公布,或以补遗书形式在投标截止日期15天前公布。

② 投标文件有效期一般为90日。

③ 浙江省及各地市对投标保证金的递交、退还等有相应规定的,可在此处加以补充、细化。

续上表

条款号	条 款 名 称	编 列 内 容
3.4.1	投标保证金的递交	采用投标专用账户的,该账户的资金来源必须为投标人基本账户,资金转入24小时后方可用于缴存投标保证金,以便开户银行查验资金来源。对来自非基本账户的资金,不得用于缴存投标保证金,开户银行将予以拒收或原路退还。 咨询电话:0571-85215195,85215132,95533 转人工服务 协会联保:0571-87631180
3.4.3	投标保证金的退还	(1)投标人在项目关联成功后,若出现投标撤回、没有按招标文件规定递交投标文件、保证金金额不足、投标人不足三家等情形,“招投标银保通”平台在开标(投标截止)后的第二个工作日自动退还投标人的投标保证金及银行同期存款利息。 (2)中标候选人公示15天后,“招投标银保通”平台自动退还中标候选人以外的投标保证金及银行同期存款利息。 (3)招标人将中标结果报省交易中心登记后,“招投标银保通”平台自动退还除中标人外的其他候选人的投标保证金及银行同期存款利息。 (4)招标人将中标合同报省招标办备案后,“招投标银保通”平台自动退还中标人的投标保证金及银行同期存款利息。 (5)投标人缴纳保证金后,由于各种原因未与投标项目(标段)关联成功的,其保证金的退还请投标人联系保证金专线0571-85215195办理退还手续。 (6)招标项目中止的,招标人向省招标办办理招标项目中止备案后,“招投标银保通”平台自动退还所有投标保证金及银行同期存款利息。 (7)招标项目(标段)有投诉等特殊情况时,在特殊情况处理期间,暂缓退还所有投标人的投标保证金;特殊情况处理完毕,招标人将中标结果报省交易中心登记后,“招投标银保通”平台自动退还除中标人外其他投标人的投标保证金及银行同期存款利息;招标人将中标合同报省招标办备案后,“招投标银保通”平台自动退还中标人投标保证金及银行同期存款利息。

续上表

条款号	条 款 名 称	编 列 内 容
3.4.3	投标保证金的退还	(8)投标保证金有效期到期的,除招标人事先告知省交易中心已同意延长有效期的投标人或中标人以外,"招投标银保通"平台自动退还其他所有投标保证金及银行同期存款利息。 (9)投标保证金有效期到期前,招标人认为有必要延长投标有效期的,应将希望延长有效期的意向书面通知所有的投标人,并将同意延长有效期的投标人名单及延长的期限告知省交易中心登记,同时送省招标办备案。 (10)投标人在投标期间银行基本账户发生变化时,应及时到省交易中心办理变更登记,以确保投标保证金及时准确地退还
3.4.4	投标保证金不予退还的情形	(1)投标人在规定的投标有效期内撤销或修改其投标文件; (2)中标人在收到中标通知书后,无正当理由拒签合同协议书或未按招标文件规定提交履约担保; (3)经查实,投标人在投标过程中串通投标或弄虚作假的; (4)拟派总监理工程师在投标截止日有在其他在建合同工程上担任总监理工程师的情形。 出现上述投标保证金不予退还情形的,招标人告知省交易中心登记后,"招投标银保通"平台将自动划转其投标保证金及银行同期存款利息至招标人指定账户,不再退还给投标人
3.5.2	近年财务状况的年份要求①	□无须提供 □提供,要求的年份:____年、____年、____年
3.5.3	近年已完工的同类工程一览表的年份要求②	年份:自____年____月 1 日以来 需附资料: (1)施工监理合同协议书扫描件;

① 一般不作要求,用"/"表示。

② 一般为 5 年。

续上表

条款号	条款名称	编列内容
3.5.3	近年已完工的同类工程一览表的年份要求	(2)发包人出具的交工验收证书或经项目主管质量监督部门确认的监理项目评定书的扫描件。 以上资料缺一不可,否则业绩不予认可
3.5.6	近年履约信誉的年份要求①	自____年____月____日以来
3.6	是否允许递交备选投标方案	不允许
3.7.3	签字或盖章要求	投标文件签字或盖章的要求: (1)电子投标文件签字或盖章要求:在招标文件格式规定的签字处,投标人必须加盖法定代表人电子章;在招标文件格式规定的盖章处加盖单位电子公章。 (2)若本须知第3.7.4项要求提供纸质投标文件的,纸质投标文件作为投标文件副本。其签字或盖章要求:纸质投标文件应为电子文件的打印件(彩色打印、黑白打印均可),无须额外签字和加盖单位公章
3.7.4	投标文件副本份数	□不要求提交纸质投标文件副本 □要求提交纸质投标文件副本。副本份数:____份。纸质投标文件为电子投标文件的打印件,应与上传的电子投标文件内容完全一致,若不一致的,以电子投标文件为准。 “电子交易平台”能正常解密投标文件时,纸质投标文件不作为开标和评标依据,因系统原因所有投标人上传的电子投标文件均无法解密时,方采用纸质投标文件开标
3.7.5	电子文件光盘备份	无

① 一般为近3年。

续上表

条款号	条 款 名 称	编 列 内 容
4.1.2	封套上写明	**纸质投标文件第一个信封(商务及技术文件)内层封套:** 投标人地址:________________ 投标人邮编:________________ 投标人名称:________________ 投标人联系人:______________ 联系电话:__________________ **纸质投标文件第二个信封(报价文件)内层封套:** 投标人地址:________________ 投标人邮编:________________ 投标人名称:________________ 投标人联系人:______________ 联系电话:__________________ **纸质投标文件外层封套:** 送达投标文件地址:__________ 招标人名称:________________ ___________(项目名称)施工监理投标文件在____年____月____日____时____分前不得开启
4.2.2	递交投标文件的地点	(1)将由投标文件制作工具制作生成的加密投标文件(.ZJSTF)在投标截止时间前(以上传完成时间为准)上传至电子交易平台________(网址)。 (2)要求递交纸质投标文件的,应将纸质投标文件在投标截止时间前递交至招标公告规定的地点
4.2.3	是否退还投标文件	否
4.2.5	投标文件不予受理(拒收)的情形	(1)电子投标文件未在投标截止时间前完成上传的。 (2)投标保证金未与所投标段关联的。 □(3)纸质投标文件逾期送达的或者未送达指定地点的,或未按第 4.1 款密封的
4.2.6	招标人通知延后投标截止时间的时间	原定投标截止时间______日前[①]

① 一般为 7 天。

续上表

条款号	条 款 名 称	编　列　内　容
5.1	开标时间和地点	□ 采用双信封形式投标文件的开标 投标文件第一个信封(商务及技术文件)开标时间:同投标截止时间。 投标文件第一个信封(商务及技术文件)开标地点:________________ 投标文件第二个信封(报价文件)开标时间:(在投标文件第一个信封开标时通知。) 投标文件第二个信封(报价文件)开标地点:________________
5.2	开标程序[①](双信封)	5.2.1　投标人须携带加密投标文件的CA证书以供开标现场解密投标文件。 5.2.2　发现投标文件有第4.2.5项情况之一的,相应投标文件不予开标,招标人将投标文件退回投标人。 5.2.3　招标人按下列程序对投标文件第一个信封(商务及技术文件)进行开标: (1)招标人宣布开标纪律;宣布开标人、监标人[②]等有关人员姓名。 (2)投标人使用CA数字证书解密投标文件第一个信封。 投标人解密时间:开标开始20分钟以内。 投标人解密方式:投标人自行登录"电子交易平台"→服务大厅→网上开标直播,找到所投标段并点击"我要解密",使用生成投标文件的CA数字证书在线解密。 (3)监标人设置第二个信封开标密码,投标文件第二个信封不予解密。 (4)招标人使用CA数字证书解密投标文件第一个信封。 (5)招标人现场唱标,公布投标单位,投标保证金的递交情况、对第三方履约管理的服务目标、监理服务期、总监理工程师及其他内容。

① 浙江省及各地市对开标程序有相应规定的,可在此处加以补充、细化。

② 监标人一般由行业监督或招标人纪检监察人员担任。

续上表

条款号	条 款 名 称	编 列 内 容
5.2	开标程序(双信封)	(6)投标人确认:开标完成后,投标人可通过"电子交易平台"对开标结果进行确认,未在开标结束前完成在线确认的投标人,"电子交易平台"将视作自动确认。 5.2.4 投标文件第二个信封(报价文件)不予开封,并交监标人密封保存。 5.2.5 招标人将按照本章第 5.1 款规定的时间和地点对投标文件第二个信封(报价文件)进行开标: (1)招标人宣布开标纪律;宣布开标人、监标人等有关人员姓名; (2)宣布通过投标文件第一个信封(商务及技术文件)评审的投标人名单; (3)监标人输入第二个信封开标密码,解密投标人第二个信封投标文件; (4)招标人使用 CA 数字证书解密投标文件第二个信封; (5)当众开标,公布所有投标文件第二个信封(报价文件)的投标人名称、标段名称、投标报价及其他内容; (6)投标人确认:开标完成后,投标人可通过"电子交易平台"对开标结果进行确认,未在开标结束前完成在线确认的投标人,"电子交易平台"将视作自动确认。 5.2.6 开标特别说明事项: (1)因投标人原因造成其电子投标文件未解密的,视为撤销其投标文件;因投标人之外的原因造成电子投标文件未解密的,视为撤回其投标文件; (2)部分投标人的电子投标文件无法解密的,其他投标文件的开标可以继续进行; (3)若投标人须知第 3.7.4 项规定要求提供纸质投标文件副本的,因系统原因所有投标人的电子投标文件均无法解密时方采用纸质投标文件开标; (4)投标人必须使用生成电子投标文件的 CA 数字证书解密电子投标文件;

续上表

条款号	条 款 名 称	编 列 内 容
5.2	开标程序(双信封)	(5)投标人在开标现场可使用交易中心提供的计算机或自带笔记本计算机,自行登录"电子交易平台"解密投标文件
5.3	开标补救措施	5.3.1　开标过程中因本章第5.3.3项、第5.3.4项所列原因,导致系统无法正常运行,将采取补救措施。 5.3.2　由于投标人CA数字证书损坏、加密的投标文件异常等原因导致投标文件无法正常解密且已累计尝试5次均失败的,或者由于投标人CA数字证书损坏、加密的投标文件异常等原因导致投标文件解密后无法正常导入的,视为撤回其投标文件。 5.3.3　因系统原因所有投标人的电子投标文件均无法解密时,采用纸质投标文件开标。 5.3.4　当出现以下情况时,应对未开标的中止电子开标,并在恢复正常后及时安排时间开标: (1)系统服务器发生故障,无法访问或无法使用系统; (2)系统的软件或数据库出现错误,不能进行正常操作; (3)系统发现有安全漏洞,有潜在的泄密危险; (4)出现断电事故且短时间内无法恢复供电的; (5)其他无法保证招投标过程正常进行的情形。 5.3.5　采取补救措施时,必须对原有资料及信息作出妥善保密处理
6.1.1	评标委员会的组建①	评标委员会构成:____人,其中招标人代表____人,库选专家____人; 评标专家确定方式:按规定从____评标专家库中随机抽取方式确定,评标委员会主任在库选评标委员中推荐或随机抽取产生

① 评标委员会由招标人代表和有关方面的专家组成,人数为5人及以上单数。其中招标人代表最多1人,在2人中随机抽取1人产生,招标人代表不得担任评标委员会主任。

续上表

条款号	条款名称	编列内容
6.3	评标	询问核实限定时间:评标委员会首次通知后 60 分钟内
6.4	中标候选人公示及异议	公示平台:"电子交易平台"、浙江交通网。 公示内容:评标结果、投标人投标不良行为(如有,仅在浙江交通网公示)、否决投标原因及依据、中标候选人与中标有关的类似项目业绩情况、总监理工程师姓名、监理资格证书编号等
7.1.1	是否授权评标委员会确定中标人	□是 □否,推荐的中标候选人的人数为 1 名
7.2.1	收到中标通知书确认时间	收到中标通知书后 24 小时内(以发出时间为准)
7.3.1	履约保证金	履约保证金形式①:__________ 监理人信用等级为 AA、A 等级的,履约保证金金额为签约合同价的 3%,B、C 等级企业为签约合同价的 4%,D 等级企业为签约合同价的 5%(以浙江省交通运输厅最新的监理企业信用评价结果为准,浙江省交通运输厅最新的监理企业信用评价结果未涉及的企业按 B 级计算)
9.5	投诉	综合监督部门:__________ 地　　址:__________ 电　　话:__________ 邮政编码:__________ 投诉受理部门:__________ 地　　址:__________ 电　　话:__________ 邮政编码:__________ 行业管理部门:__________ 地　　址:__________ 电　　话:__________ 邮政编码:__________

① 履约保证金形式可采用银行保函或现金,采用银行保函时,出具履约保证金的银行级别:国有或股份制商业银行县(区、市)级及以上银行。

续上表

条款号	条 款 名 称	编 列 内 容
需要补充的其他内容		
10.3	保密规定	投标人不得通过互联网与任何单位和个人进行与本项目有关图纸资料交换传递,不得通过任何途径向本项目无关方泄露和传播本项目有关图纸资料
10.4	递交监理人员资料时间	(1)在签订合同前,中标人应按专用合同条款第2.4款人员要求,将拟投入施工准备期监理的人员名单及资料交招标人审查,并满足要求。由于中标人原因未能及时提供该资料或资料不满足专用合同条款第2.4款要求导致签订合同时间延期的,按投标人须知第7.4.1项处理。 (2)在施工准备期结束前15天,监理人应按专用合同条款第2.4.1项人员要求,将拟投入施工及交工验收期监理的人员名单及资料交发包人审查,并满足要求。由于监理人原因未能及时提供该资料或资料不满足专用合同条款第2.4.1项要求,监理人员不能及时到岗的,视为监理人违约,按专用合同条款第4.1款处理

投标人须知附录

附录 1　资格审查条件(资质条件)

标段:____________

项　目	条　件	备　注
资质	投标人具备独立法人资格、交通运输主管部门核发的______监理资质①,持有工商行政管理部门核发的有效企业法人营业执照	

① 招标人在满足国家相关法律、法规的前提下,根据项目特点和实际情况确定具体的资质要求。联合体投标的应对联合体牵头人和联合体成员分别提出明确要求。

附录2　资格审查条件(业绩要求)

标段：____________

项　目	要　求	备注
业绩①	自____年____月____日②(以实际交工日期为准)以来按一个监理合同段完成过一个____________施工监理项目	

注：1. 监理业绩证明文件需提供：①施工监理合同协议书；②发包人出具的交工验收证书或经项目主管质量监督部门确认的监理项目评定书。二者缺一不可，否则业绩不予认可。

2. 上述资料中的监理人名称与投标人名称必须一致(监理人名称发生合法变更的，需提供合法变更的有效文件)，否则业绩不予认可。

3. 工程规模解释顺序为：监理项目评定书、交工验收证书、合同协议书；如上述资料中均未体现工程规模、工程内容的，投标人还应提供由项目发包人出具并经项目行业主管部门或项目主管质量监督部门确认的有关数据信息，否则业绩不予认可。

---

① 招标人在满足国家相关法律、法规的前提下，根据项目特点和实际情况确定具体的业绩要求，但不得设置过高的业绩资格条件，一般在原招标项目的基础上降低一个等级设置。采用联合体投标的，则联合体各方应按照"联合体协议书"中的职责分工提供相应的业绩证明材料，否则业绩不予认可。

② 一般应要求投标人提供最近5年的监理业绩。上半年招标的项目，一般为"1月1日以来"；下半年招标的项目，一般为"7月1日以来"，下同。

附录3　资格审查条件(主要监理人员资格要求)

标段:____________

序号	监理岗位	资格要求	数量	备注
1	总监理工程师	具有______监理资格(______专业),具有______及以上技术职称,担任过________项目的总监或副总监(或只设置一级监理机构的驻地或副驻地)职务__1__周年[①]及以上,年龄60周岁及以下	1	自有人员
2	副总监理工程师	具有______监理资格(______专业),具有______及以上技术职称,担任过________项目的专业监理工程师及以上职务__1__周年及以上,年龄60周岁及以下		自有人员
3	______专业监理工程师	具有______监理资格(______专业),具有______及以上技术职称,担任过________项目的专业监理工程师及以上职务__1__周年及以上,年龄60周岁及以下		自有人员

注:1. 投标人应在投标文件中提供主要监理人员身份证、毕业证、职称证书、监理资格证书的彩色打印件(或清晰可辨的扫描件),以上信息按规定在浙江省交通运输厅监理市场诚信信息系统上公开,并提供在浙江省交通运输厅监理市场诚信信息系统上查询结果含水印的打印件,不公开或不一致或未附查询结果含水印的打印件的,以上信息不予认可。

2. 主要监理人员的监理经历按规定在浙江省交通运输厅监理市场诚信信息系统上公开,并提供在浙江省交通运输厅监理市场诚信信息系统上查询结果含水印的打印件,未提供含水印信息公开的打印件或提供的信息公开打印件不一致的,其监理经历不予认可。拟委任的总监理工程师还应提供监理经历证明文件(监理项目评定书、执业管理手册或项目发包人出具的并经项目交通运输主管部门或质量监督部门确认的书面材料),未提供监理经历证明文件的,其监理经历不予认可。

---

① 主要监理人员监理经历要求一般为1周年,附属工程为0.5年。

3. 自有人员指在投标人岗位登记的人员。投标人自有人员应提供在浙江省交通运输厅监理市场诚信信息系统上查询结果含水印的打印件，未提供以上材料的，其作为投标人自有人员情况不予认可。

4. 企业法定代表人[如为监理甲级资质，则还包括其资质证书(副本)上列明的企业负责人、企业技术负责人]和在其他在建项目中担任总监理工程师的，不能在本项目任职。“在建项目”的起止时间界定：监理合同段中标通知书发出之日(不通过招标方式的，开始时间为合同签订之日)起至监理合同段所辖施工标段均通过交工验收之日(或监理合同解除之日)止。如总监理工程师已经更换的，应在投标文件中附项目业主的同意更换证明材料并在浙江省交通运输厅监理市场诚信信息系统更新完成该人员登记，否则更换前后的总监理工程师均视为有“在建项目”。

5. 主要监理人员均须持有省级及以上交通监理行业协会核发的《交通建设工程安全监理合格证书》、《公路工程环境保护监理合格证书》，其中 2012 年 1 月 1 日以后获得交通运输部监理资格证书的监理工程师无须提供《交通建设工程安全监理合格证书》、《公路工程环境保护监理合格证书》的彩色打印件(或清晰可辨的复印件)。

6. 主要监理人员根据交通运输部最新信用评价结果，监理工程师个人评价周期内累计扣分在 24 分(不含)以下。

7. 投标人可登录浙江省交通运输厅监理市场诚信信息系统进行监理企业用户注册，并按浙江省交通运输厅要求报送有关信息。登录网址为：http://jlsccx. zjt. gov. cn/，联系电话：0571-83789631。

附录 4　资格审查条件(信誉要求)

标段:＿＿＿＿＿＿

项　目	要　求	备　注
信誉要求	1. 投标人不存在投标人须知第 1.4.3 项的情形; 2. 近＿3＿年(自＿＿年＿＿月＿＿日以来),投标人及其拟委任的总监理工程师无行贿犯罪行为(以检察机关出具的行贿犯罪档案查询结果为准,时间以法院判决书判决的日期为准)	

注:投标人及其拟委任的总监理工程师无行贿犯罪行为投标人无须提供,由招标人向检察机关职务犯罪预防部门进行行贿犯罪档案查询。

投标人须知[①](适用电子招标)

1. 总则

1.1　项目概况

1.1.1　本招标项目已具备招标条件,现对本项目施工监理进行招标。

1.1.2　本招标项目招标人:见投标人须知前附表。

1.1.3　本监理标段招标代理机构:见投标人须知前附表。

1.1.4　本招标项目名称:见投标人须知前附表。

1.1.5　本监理标段建设地点:见投标人须知前附表。

1.1.6　本监理标段规模:见投标人须知前附表。

1.1.7　本监理标段相对应工程概算或施工图预算金额:见投标人须知前附表。

1.2　资金来源和落实情况

1.2.1　本招标项目的资金来源:见投标人须知前附表。

1.2.2　本招标项目的资金落实情况:见投标人须知前附表。

1.3　招标范围、监理服务阶段、监理工作范围、质量要求、施工工期和监理服务期

1.3.1　本次招标范围:见投标人须知前附表。

1.3.2　监理服务阶段:见投标人须知前附表。

1.3.3　监理工作范围:见投标人须知前附表。

1.3.4　对第三方履约管理的服务目标:见投标人须知前附表。

1.3.5　施工工期和监理服务期:见投标人须知前附表。

1.4　投标人资格要求

1.4.1　投标人应具备承担本标段施工监理的资质、能力和信誉。

(1)资质条件:见投标人须知前附表;

(2)业绩要求:见投标人须知前附表;

(3)总监理工程师资格要求:见投标人须知前附表;

(4)其他主要监理人员资格要求(可选):见投标人须知前附表;

(5)信誉要求:见投标人须知前附表;

(6)财务要求:见投标人须知前附表;

(7)其他要求:见投标人须知前附表。

1.4.2　投标人须知前附表规定接受联合体投标的,除应符合本章第1.4.1项和投标人须知前附表的规定外,还应遵守以下原则:

---

① 正文内容不得修改。

(1)联合体各方应按招标文件提供的格式签署联合体协议书,明确联合体牵头人和各方权利义务;

(2)拟派驻现场监理机构的总监理工程师应为联合体牵头人单位人员,且登记工作单位为牵头人单位;

(3)联合体成员可以由投标人须知前附表规定数量的监理企业组成,联合体各方均应具备承担招标项目的相应能力和本章第1.4.1项规定的相应要求,由同一专业的单位组成的联合体,按照资质等级较低的单位确定资质等级;

(4)联合体各方不得再以自己名义单独或参加其他联合体在同一标段中投标;

(5)联合体各方必须分别提供能证明其监理资质、法人资格及工程监理业绩等的文件或资料扫描件,并加盖投标人公章。

1.4.3 投标人不得存在下列情形之一:

(1)与招标人存在利害关系可能影响招标公正性的法人、其他组织或个人;

(2)单位负责人为同一人或者存在控股(含法定代表人控股)、管理关系的不同单位,参加同一标段投标或者未划分标段的同一投标项目投标;

(3)与本标段的施工承包人、代建人或招标代理机构有隶属关系;

(4)与本标段的施工承包人、代建人或招标代理机构同为一个法定代表人;

(5)与本标段的施工承包人、代建人或招标代理机构相互控股或参股;

(6)与本标段的施工承包人、代建人或招标代理机构相互任职或工作;

(7)被责令停业的;

(8)被交通运输部、浙江省交通运输厅、浙江省发改委取消投标资格或禁止进入浙江省交通建设市场且处于有效期内;

(9)财产被接管、冻结或破产的;

(10)在最近3年内有弄虚作假骗取中标、围标串标行为或严重违约等的。

1.5 费用承担

投标人准备和参加投标活动发生的费用自理。

1.6 保密

参与招标投标活动的各方应对招标文件和投标文件中的商业和技术等秘密保密,违者应对由此造成的后果承担法律责任。

1.7 语言文字

除专用术语外,与招标投标有关的语言均使用中文。必要时专用术语应附有中文注释。

1.8 计量单位

所有计量均采用中华人民共和国法定计量单位。

1.9 踏勘现场

1.9.1 投标人须知前附表规定组织踏勘现场的,招标人按投标人须知前附表规定的时间、地点组织投标人踏勘项目现场。投标人踏勘现场发生的费用自理。

1.9.2 除招标人的原因外,投标人自行负责在踏勘现场中所发生的人员伤亡和财产损失。

1.9.3 招标人在踏勘现场中介绍的工程场地和相关的周边环境情况,以及提供的本合同工程的水文、地质、气象和料场分布、取土场、弃土场位置等参考资料,供投标人在编制投标文件时参考,并不构成合同文件的组成部分,投标人应对自己就上述资料的解释、推论和应用负责,招标人不对投标人据此作出的判断和决策承担任何责任。

1.10 投标预备会

1.10.1 投标人须知前附表规定召开投标预备会的,招标人按投标人须知前附表规定的时间和地点召开投标预备会,澄清投标人提出的问题。

1.10.2 投标人应在投标人须知前附表规定的时间前,通过"电子交易平台"将提出的问题送达招标人,以便招标人在会议期间澄清。

1.10.3 投标预备会后,招标人在投标人须知前附表规定的时间内,将对投标人所提问题的澄清,以通过"电子交易平台"通知所有购买招标文件的投标人。该澄清内容为招标文件的组成部分。

1.11 分包

见投标人须知前附表。

1.12 偏差

偏差分为重大偏差和细微偏差。

1.12.1 投标文件不符合第三章"评标办法"第2.1款所列的初步评审标准及按照第三章"评标办法"第3.4.3项规定对投标价进行算术性错误修正后,最终投标报价超出投标控制价(如有)的,属于重大偏差,视为对招标文件未作出实质性响应,按否决投标处理。

1.12.2 投标文件中的下列偏差为细微偏差:

(1)在按照第三章"评标办法"第3.4.3项规定对投标价进行算术性错误修正后,最终投标报价未超出投标控制价的;

(2)监理大纲不够完善。

1.12.3 评标委员会对投标文件中的细微偏差按如下规定处理,评标委员会可在相关评分因素的评分中酌情扣分,但评分不得低于评标办法中规定的最低得分。

(1)对于本章第1.12.2项(1)目所述的细微偏差,按照第三章"评标办法"的规定予以修正并要求投标人进行澄清;

(2)对于本章第 1.12.2 项(2)目所述的细微偏差,评标委员会可在相关评分因素的评分中酌情扣分。

2. 招标文件

2.1 招标文件的组成

(1)招标公告(或投标邀请书);

(2)投标人须知;

(3)评标办法;

(4)监理合同条款及格式;

(5)监理服务期报价;

(6)图纸和资料;

(7)标准与规范;

(8)投标文件格式;

(9)投标人须知前附表规定的其他材料;

(10)根据本章第 1.10 款、第 2.2 款和第 2.3 款对招标文件所作的澄清、修改、补充,构成招标文件的组成部分。

2.2 招标文件的澄清

2.2.1 投标人应仔细阅读和检查招标文件的全部内容。如发现缺页或附件不全,应及时向招标人提出,以便补齐。如有疑问,应在投标人须知前附表规定的时间前通过“电子交易平台”,要求招标人对招标文件予以澄清。

2.2.2 招标文件澄清的内容影响投标文件编制的,招标人将在投标人须知前附表规定的投标截止时间 15 日前,以电子文件形式上传至“电子交易平台”供投标人下载,不足 15 天的,招标人将顺延递交投标文件的截止时间。

澄清的内容不影响投标文件编制的,将在投标人须知前附表规定的投标截止时间 7 天前,以上款相同的形式发布。

2.2.3 投标人在收到澄清后无需向招标人确认。潜在投标人应自行关注“电子交易平台”,招标人不再一一通知。投标人因自身贻误行为导致投标失败的,责任自负。

2.3 招标文件的修改、补充

2.3.1 修改、补充的内容影响投标文件编制的,招标人将在投标截止时间 15 天前,以电子文件形式上传“电子交易平台”供潜在投标人自己下载,不足 15 天的,招标人将顺延递交投标文件的截止时间。

修改、补充的内容不影响投标文件编制的,将在投标人须知前附表规定的投标截止时间 7 天前,以上款相同的形式发布。

2.3.2　投标人在收到修改内容后无需向招标人确认。潜在投标人应自行关注“电子交易平台”,招标人不再一一通知。投标人因自身贻误行为导致投标失败的,责任自负。

当招标文件的澄清、修改、补充等在同一内容的表述不一致时,以在后发出的书面文件为准。

2.4　对招标文件的异议

投标人或者其他利害关系人对招标文件有异议的,应在投标截止时间10天前以书面形式提出。招标人应在收到异议之日起3天内作出答复;作出答复前,应暂停招标投标活动。

3. 投标文件

3.1　投标文件的组成

投标文件的组成见投标人须知前附表。

3.2　投标报价

3.2.1　投标报价是投标人按照招标文件的要求完成投标人须知前附表规定监理服务阶段监理工作所需的费用。

3.2.2　本合同监理服务费依据国家现行有关规定。

3.2.3　投标人应按投标人须知前附表规定的监理服务费报价方式进行报价,投标人在报价函中的报价应在投标控制价(含)内。投标控制价见投标人须知前附表。

3.2.4　投标人应按照招标文件规定的格式和内容计算填报投标报价。投标人未计算填报的部分,视为该部分费用已包含在报价中,发包人将不再支付。

3.3　投标有效期

3.3.1　在投标人须知前附表规定的投标有效期内,投标人不得要求撤销或修改其投标文件。

3.3.2　出现特殊情况需要延长投标有效期的,招标人“电子交易平台”通知所有投标人延长投标有效期。投标人同意延长的,应相应延长其投标保证金的有效期,但不得要求被允许修改或撤销其投标文件;投标人拒绝延长的,其投标失效,但投标人有权收回其投标保证金及同期银行存款利息。

3.4　投标保证金

3.4.1　投标人在递交投标文件的同时,应按投标人须知前附表规定的金额、担保形式和要求递交投标保证金,并作为其投标文件的组成部分。联合体投标的,其投标保证金由牵头人递交,并应符合投标人须知前附表的规定。

3.4.2　投标人不按本章第 3.4.1 项要求提交投标保证金的,其投标文件作否决投标处理。

3.4.3　投标保证金的退还见投标人须知前附表。

3.4.4　有投标人须知前附表规定情形之一的,投标保证金将不予退还。

3.5　资格审查资料

3.5.1　"投标人基本情况表"应附投标人公司简介、企业法人营业执照副本(全本)的扫描件(并加盖单位电子公章)、施工监理资质证书副本(全本)的扫描件(并加盖单位电子公章)、基本账户开户许可证的扫描件(并加盖单位电子公章)。

3.5.2　若投标人须知前附表要求提供"近年财务状况表",则"近年财务状况表"应附经会计师事务所或审计机构审计的财务会计报表,包括资产负债表、现金流量表、利润表和财务情况说明书的扫描件,具体年份要求见投标人须知前附表。

3.5.3　"投标人近年已完工的类似工程明细表" 具体年份及需附资料见投标人须知前附表。每张表格只填写一个项目,并标明序号。

3.5.4　"投标人在监的和新承监的项目一览表"应附中标通知书和(或)合同协议书扫描件。

3.5.5　"投标人拟投入本项目总监理工程师及其他主要监理人员简历表"应附总监理工程师及其他主要监理人员身份证、职称资格证书以及投标人须知附录 3 要求的其他资料扫描件。

3.5.6　"投标人履约信誉情况表"应说明相关情况,具体年份要求见投标人须知前附表。

3.5.7　投标人须知前附表规定接受联合体投标的,本章第 3.5.1 项至第 3.5.6 项规定的表格和资料应包括联合体各方相关情况。

3.5.8　招标人有权核查投标人在投标文件中提供的材料,若在评标期间发现投标人提供了虚假资料,招标人有权对投标人的投标文件作否决投标处理,其投标保证金及同期银行存款利息不予退还;若在评标结果公示期间发现作为中标候选人的投标人提供了虚假资料,招标人有权取消其中标资格,其投标保证金及同期银行存款利息不予退还;若在合同实施期间发现投标人提供了虚假资料,招标人有权从合同价款或履约担保中扣除不超过 5% 签约合同价的金额作为违约金。同时招标人将投标人以上弄虚作假行为上报省级交通运输主管部门,作为不良记录纳入浙江省交通运输厅建设市场诚信信息系统和信用评价管理系统。

3.6　备选投标方案

除投标人须知前附表另有规定外,投标人不得递交备选投标方案。允许投标人递交备选投标方案的,只有中标人所递交的备选投标方案方可予以考虑。评标委员会认为中标人的备选投标方案优于其按照招标文件要求编制的投标方案的,招标人可以接受该备选投标方案。

3.7 投标文件的编制

3.7.1 投标文件应按第八章“投标文件格式”进行编写,如有必要,可以增加附页,作为投标文件的组成部分。

3.7.2 投标文件应当对招标文件有关监理服务期、投标有效期、监理大纲、对第三方履约管理的服务目标、监理工作范围、招标范围等实质性内容作出响应。

3.7.3 投标人应在投标截止时间将电子投标文件上传至“电子交易平台”。电子投标文件签字或盖章要求见投标人须知前附表。

以联合体形式参与投标的,投标文件由联合体牵头人按上述规定加盖联合体牵头人法定代表人电子章、联合体牵头人单位电子公章。

3.7.4 投标人在投标截止时间上传至“电子交易平台”的电子投标文件为投标文件的正本,是否需要提供纸质投标文件副本及副本份数见投标人须知前附表。

3.7.5 投标人提供电子投标文件备份的,其要求见投标人须知前附表。

3.7.6 若投标人须知第3.7.4项要求提供纸质投标文件的,纸质投标文件应装订成册(A4纸幅),投标文件不得采用活页夹装订,否则,招标人对于由于投标文件装订松散而造成的丢失或其他后果不负担任何责任。

4. 投标

4.1 投标文件的密封和标识

4.1.1 本次招标采用双信封形式,若投标人须知第3.7.4项要求提供纸质投标文件的,纸质投标文件第一个信封(商务及技术文件)包装在一个内层封套中;第二个信封(报价文件)包装在一个内层封套中;然后将第一、第二个信封统一密封在一个外层封套中。投标文件电子文件(如需要)应与第二个信封(报价文件)包在同一个封套里。

4.1.2 若投标人须知第3.7.4项要求提供纸质投标文件的,纸质投标文件第一个信封(商务及技术文件)以及第二个信封(报价文件)封套上应写明的内容见投标人须知前附表。

4.1.3 未按本章第4.1.1项、第4.1.2项要求密封和加写标记的投标文件,招标人不予受理。

4.2 投标文件的递交

4.2.1 投标人应在本章第2.2.2项规定的投标截止时间前递交投标文件。

4.2.2 投标人递交投标文件的地点:见投标人须知前附表。

4.2.3 除投标人须知前附表另有规定外,投标人所递交的投标文件不予退还。

4.2.4 招标人通过“电子交易平台”接收电子投标文件,“电子交易平台”收到投标人送达的电子投标文件后,即时向投标人发出确认回执通知。

4.2.5 招标人不予受理(拒收)的情形:见投标人须知前附表。

4.2.6 在特殊情况下,招标人如果决定延后投标截止时间,应在投标人须知前附表规定的时间前,通知所有投标人延后投标截止时间。在此情况下,招标人和投标人的权利和义务相应延后至新的投标截止时间。

4.3 投标文件的修改与撤回

4.3.1 在本章第 2.2.2 项规定的投标截止时间前,投标人可以修改或撤回已递交的投标文件,但应以书面形式通知招标人。

4.3.2 投标人修改已递交投标文件时,应先在“电子交易平台”对原投标文件进行撤回操作,修改完成后再重新上传已修改的投标文件,“电子交易平台”将完整记录投标人的撤回修改情况。

4.3.3 修改的内容为投标文件的组成部分。修改的投标文件应按照本章第 3 条、第 4 条规定进行编制、密封、标记和递交。

5. 开标

5.1 开标时间和地点

招标人在本章第 2.2.2 项规定的投标截止时间(开标时间)和投标人须知前附表规定的地点对收到的投标文件第一个信封(商务及技术文件)公开开标,并邀请所有投标人的法定代表人或其委托代理人准时参加。

招标人在投标人须知前附表规定的时间和地点对投标文件第二个信封(报价文件)进行开标,并邀请所有投标人的法定代表人或其委托代理人准时参加。

投标人若未派法定代表人或委托代理人出席开标活动,视为该投标人默认开标结果。

开标结果由投标人的法定代表人或其委托代理人签字确认,若未签字确认,视为该投标人默认开标结果。不得事后对开标结果提出任何异议。

5.2 开标程序

见投标人须知前附表。

5.3 开标补救措施

见投标人须知前附表。

5.4 开标异议

投标人对开标有异议的,应当在开标现场提出,招标人当场作出答复,并制作记录。

6. 评标

6.1 评标委员会

6.1.1 评标由招标人依法组建的评标委员会负责。评标委员会由招标人或其委托的招标代理机构熟悉相关业务的代表,以及有关技术、经济等方面的专家组成。评标委员会成员人数以及技术、经济等方面专家的确定方式见投标人须知前附表。

6.1.2 评标委员会成员有下列情形之一的,应当回避:

(1)投标人或投标人的主要负责人的近亲属;

(2)项目主管部门或者行政监督部门的人员;

(3)与投标人有经济利益关系,可能影响对投标公正评审的;

(4)曾因在招标、评标以及其他与招标投标有关活动中从事违法行为而受过行政处罚或刑事处罚的;

(5)与投标人有其他利害关系的。

6.2 评标原则

评标活动遵循公平、公正、科学和择优的原则,按照招标文件规定的标准和方法,对投标文件进行评审和比较。

6.3 评标

评标委员会按照第三章"评标办法"规定的方法、评审因素、评审标准和程序对投标文件进行评审。第三章"评标办法"没有规定的方法、评审因素和评审标准,不作为评标依据。

凡评标委员会拟作出否决投标决定的,应先向投标人进行询问核实。未进行询问核实程序的,不得作出否决投标决定(投标人所留联系方式无法联系上、在投标人须知前附表限定时间内投标人不参加询问核实或未出具答复意见的除外)。

第三章"评标办法"中规定的否决投标情形,由评标委员会审核并经过询标程序,其投标文件作否决处理。

6.4 中标候选人的公示及异议

招标人应在收到评标报告之日起 3 天内在投标人须知前附表规定的网站上公示中标候选人,公示期不得少于 3 天,公示内容见投标人须知前附表。

投标人或者其他利害关系人对依法必须进行招标的项目的评标结果有异议的,应在中标候选人公示期间提出。招标人应在收到异议之日起 3 天内作出答复;作出答复前,应暂停招标投标活动。

6.5 履约能力的审查

如果中标候选人的经营、财务状况发生较大变化或者存在违法行为,招标人认为可能影响其履约能力的,应在发出中标通知书前报请行政监督部门,由行政监督部门召集原评标委员会按照招标文件规定的标准和方法审查确认。

7. 合同授予

7.1 定标方式

7.1.1 除投标人须知前附表规定评标委员会直接确定中标人外,招标人依据评标委员会推荐的中标候选人确定中标人,国有资金占控股或者主导地位的依法必须进行招标的项目,确定排名第一的中标候选人为中标人。评标委员会推荐中标候选人的数量见投标人须知前附表。

7.1.2 中标候选人经公示无异议、招标人发出中标通知书。依法必须进行招标的公路工程建设项目,招标人应当自确定中标人之日起 15 日内,将招标投标情况的书面报告报对该项目具有招标监督职责的交通运输主管部门备案。

招标投标情况的书面报告至少应当包括下列内容:

(1)招标项目基本情况;

(2)招标过程简述;

(3)评标情况说明;

(4)中标候选人公示情况;

(5)中标结果;

(6)附件,包括评标报告、评标委员会成员履职情况说明等。

有资格预审情况说明、异议及投诉处理情况和资格审查报告的,也应当包括在书面报告中。

7.1.3 中标候选人公示媒体见本章第 6.4 款。

7.2 中标通知

7.2.1 在本章第 3.3 款规定的投标有效期内,招标人以书面形式向中标人发出中标通知书,同时将中标结果通知未中标的投标人。投标人在收到中标通知书后,应在投标人须知前附表规定的时间内以书面形式进行确认。

7.2.2 投标人相互串通投标或者与招标人串通投标的,投标人向招标人或者评标委员会成员行贿谋取中标的,中标无效。

7.3 履约保证金

7.3.1 在签订合同前,中标人应按投标人须知前附表规定的金额、担保形式和招标文件第四章“合同条款及格式”规定的履约保证金格式向招标人提交履约保证金。联合体中标的,其履约担保由牵头人递交,并应符合投标人须知前附表规定的金额、担保形式和招标文件第四章“合同条款及格式”规定的履约保证金格式要求。

7.3.2　中标人不能按本章第7.3.1项要求提交履约保证金的,视为放弃中标,其投标保证金及同期银行存款利息不予退还,给招标人造成的损失超过投标保证金数额的,中标人还应当对超过部分予以赔偿。

7.4　签订合同

7.4.1　招标人和中标人应当自中标通知书发出之日起30天内,根据招标文件和中标人的投标文件通过"电子交易平台"订立合同。中标人无正当理由拒签合同的,或在签订合同时向招标人提出附加条件的,招标人取消其中标资格,其投标保证金及同期银行存款利息不予退还;给招标人造成的损失超过投标保证金及同期银行存款利息数额的,中标人还应当对超过部分予以赔偿。

7.4.2　发出中标通知书后,招标人无正当理由拒签合同的,招标人向中标人退还投标保证金及同期银行存款利息;给中标人造成损失的,还应当赔偿损失。

7.4.3　招标人应当在与中标人签订书面合同协议之日起15日内将合同协议送有关行政监督管理部门备案。

7.4.4　合同协议书经双方法定代表人或其授权的代理人签署并加盖单位电子公章后生效。若为联合体投标,则联合体各成员的法定代表人或其授权的代理人都应在合同协议书上签署并加盖单位电子公章。发包人和中标人在签订合同协议书的同时需按照本招标文件规定的格式和要求签订廉政合同,明确双方在廉政建设方面的权利和义务以及应承担的违约责任。

7.4.5　如果根据本章第3.5.8项、第7.3.2项或第7.4.1项规定,招标人取消了中标人的中标资格,或者排名第一的中标候选人放弃中标或因不可抗力不能履行合同,或者被查实存在影响中标结果的违法行为等情形,排名第一的中标候选人不符合中标条件的,招标人将按规定重新组织招标。

7.4.6　签约合同价的确定原则如下:

(1)按照评标办法规定对投标报价进行修正后,若修正后的最终投标报价小于第二个信封(报价文件)开标时的报价函文字报价,则签订合同时以修正后的最终投标报价为准;

(2)按照评标办法规定对投标报价进行修正后,若修正后的最终投标报价大于第二个信封(报价文件)开标时的报价函文字报价,则签订合同时以开标时的报价函文字报价为准,同时按比例修正相应子目的单价或合价。

8. 重新招标和不再招标

8.1　重新招标

有下列情形之一的,招标人应当重新招标:

(1)投标截止时间止,投标人少于3个的;

(2)经评标委员会评审后否决所有投标的;

(3)评标委员会推荐的中标候选人未能与招标人签订监理合同的;

(4)法律规定的其他情形。

8.2 不再招标

重新招标后投标人仍少于3个或者所有投标被否决的,经书面报告原项目审批或核准部门批准后招标人可不再招标。

9. 纪律和监督

9.1 对招标人和招标代理的纪律要求

招标人和招标代理不得收受他人的财物或者其他好处,不得泄露招标投标活动中应当保密的情况和资料,不得与投标人串通损害国家利益、社会公共利益或者他人合法权益,不得对评标委员会的评标工作进行干预和施加任何影响。

9.2 对投标人的纪律要求

投标人不得相互串通投标或者与招标人、招标代理串通投标,不得向招标人、招标代理或者评标委员会成员行贿谋取中标,不得以他人名义投标或者以其他方式弄虚作假骗取中标;投标人不得以任何方式干扰、影响评标工作。

9.3 对评标委员会成员的纪律要求

评标委员会成员不得私下接触投标人,不得收受他人的财物或者其他好处,不得向他人透露对投标文件的评审和比较、中标候选人的推荐情况以及评标有关的其他情况。在评标活动中,评标委员会成员不得擅离职守,影响评标程序正常进行,不得接受任何单位或者个人明示或者暗示提出的倾向或者排斥特定投标人的要求,不得使用第三章"评标办法"没有规定的评审因素和标准进行评标,不得有其他不客观、不公正履行职务的行为。

9.4 对与评标活动有关的工作人员的纪律要求

与评标活动有关的工作人员不得收受他人的财物或者其他好处,不得向他人透露对投标文件的评审和比较、中标候选人的推荐情况以及评标有关的其他情况。在评标活动中,与评标活动有关的工作人员不得擅离职守,影响评标程序正常进行。

9.5 投诉

招标人逾期未答复异议事项,或者潜在投标人或其他利害关系人对招标人的答复不满意,或者潜在投标人或其他利害关系人认为本次招标活动违反法律、法规和规章规定的,投标人或其他利害关系人有权向有关行政监督部门投诉。投诉应按《中华人民共和国招标投标法实施条例》(中华人民共和国国务院令第613号)及《工程建设项目招标投标活动投诉处理办法》(国家七部委令2004年第11号)、国家发改委等九部委2013年第23号令办理。受理投诉的监督部门见投标人须知前附表。

10. 需要补充的其他内容

10.1　行贿查询

对公示的推荐中标候选人和拟委任总监理工程师,招标人将向检察机关进行行贿犯罪档案查询,查实近3年以来中标候选人或拟委任总监理工程师有行贿犯罪行为的(以检察机关出具的行贿受贿犯罪档案查询结果为准,时间以法院判决书日期为准),则取消该中标候选人的中标资格。

10.2　其他说明

自购买招标文件之日起,投标人应保证其提供的联系方式(电话、传真、电子邮箱)一直有效,以保证往来函件(招标文件的澄清、修改等)能及时通知投标人,并能及时反馈信息,否则招标人不承担由此引起的一切后果。

需要补充的其他内容:见投标人须知前附表。

第二章　投标人须知(适用非电子招标)

投标人须知前附表[①]

条款号	条款名称	编列内容
1.1.2	招标人	名　　称:__________ 地　　址:__________ 邮政编码:__________ 电　　话:__________ 传　　真:__________ 电子邮箱:__________ 联 系 人:__________
1.1.3	招标代理机构	名　　称:__________ 地　　址:__________ 邮政编码:__________ 电　　话:__________ 传　　真:__________ 电子邮箱:__________ 联 系 人:__________
1.1.4	项目名称	
1.1.5	建设地点	
1.1.6	规模	本监理标段规模:(需明确监理标段长度、桩号、工程主要内容、监理服务期)
1.1.7	相应概算及施工图预算金额[②]	本次监理招标相对应的施工标段概算金额:约____万元。 本次监理招标相对应的施工标段施工图预算金额:约____万元
1.2.1	资金来源	
1.2.2	资金落实情况	

① 如某栏对本工程不适用,应在相应栏中用"/"表示。本表各项应无例外一一填写,除"/"外,不得留空白。若某日期暂时无法确定,可先填计划日期。

② 概算金额必须填写,施工图预算金额可根据项目情况填写。

续上表

条款号	条 款 名 称	编 列 内 容
1.3.1	招标范围	
1.3.2	监理服务阶段	监理服务期包括施工阶段(含施工准备期、施工及交工验收期)、缺陷责任期阶段
1.3.3	监理工作范围	对工程施工质量监理、安全监理、环境保护监理、进度监理、费用监理、合同和其他事项管理及有关协调等
1.3.4	对第三方履约管理的服务目标	所辖施工标段交工质量评定均为90分及以上
1.3.5	施工工期和监理服务期	本项目施工工期为____个月;监理服务期为____个月(其中施工阶段监理____个月,缺陷责任期阶段监理____个月)
1.4.1(1)	资质条件	见投标人须知附录1
1.4.1(2)	业绩要求	见投标人须知附录2
1.4.1(3)	总监理工程师资格要求	见投标人须知附录3
1.4.1(4)	其他主要监理人员资格要求	见投标人须知附录3
1.4.1(5)	信誉要求	见投标人须知附录4
1.4.1(6)	财务要求①	
1.4.1(7)	其他要求②	
1.4.2	是否接受联合体投标	□不接受 □接受,应满足以下要求: (1)联合体所有成员数量不得超过____家; (2)联合体牵头人应具有__________资质; (3)________________________________
1.9.1	踏勘现场	□不组织 □组织 踏勘时间:____年____月____日____时____分(北京时间,下同); 踏勘集中地点:____________(详细地址)

① 一般不作要求,用“/”表示。
② 一般不作要求,用“/”表示。

续上表

条款号	条款名称	编列内容
1.10.1	投标预备会	□不召开 □召开 召开时间:____年____月____日____时____分; 召开地点:____________(详细地址)
1.10.2	投标人提出问题的截止时间	截止时间[①]:____年____月____日____时____分(以收到时间为准)。以书面形式加盖公章(可以传真或发电子邮件)送达,过期不予接受。 传真:____________;邮箱:____________
1.10.3	招标人书面澄清的时间	递交投标文件截止之日 __15__ 天前(以发出日期为准)
1.11	分包	本项目严禁转包和分包
2.1(9)	构成招标文件的其他材料	招标人在招标期间按规定向相关主管部门备案后的标有编号的补遗书和其他正式函件(如有)
2.2.1	投标人要求澄清招标文件的截止时间	截止时间:____年____月____日____时____分(以收到时间为准),过期不予接受。 传真:____________;邮箱:____________
2.2.2	投标截止时间	见招标公告
2.2.3	投标人确认收到招标文件补充澄清的时间	发出澄清后 24 小时内(以发出时间为准)[②]
2.3.2	投标人确认收到招标文件修改的时间	发出修改后 24 小时内(以发出时间为准)[③]

① 疑问一般在递交投标文件截止之日 16 ~ 18 天前提出,以便招标人作出答复。

② 如采用网上电子招标的,可不进行确认。

③ 如采用网上电子招标的,可不进行确认。

续上表

条款号	条款名称	编列内容
3.1	投标文件的组成	3.1.1　投标文件应包括下列内容: **第一个信封(商务及技术文件)** (1)投标函; (2)法定代表人身份证明或附有法定代表人身份证明的授权委托书; (3)联合体协议书(如有); (4)投标保证金; (5)监理机构; (6)资格条件审查资料; (7)投标人须知前附表规定的其他材料; (8)监理大纲; **第二个信封(报价文件)** (9)报价函; (10)监理服务费投标报价表; 3.1.2　投标人须知前附表规定不接受联合体投标的,或投标人没有组成联合体的,投标文件不包括本章第3.1.1(3)目所指的联合体协议书
3.2.3	监理服务费报价方式	本项目设置投标控制价①,投标控制价为:____万元。 投标人的投标报价应控制在招标人设定的投标控制价(含)以内,高于投标控制价的报价作否决投标处理
3.3.1	投标有效期	递交投标文件截止之日后____日②内
3.4.1	投标保证金的递交③	投标保证金的金额:人民币____万元 投标保证金的形式:____________ 投标保证金的递交截止时间: ____年____月____日____时之前 招标人指定的开户银行及账号如下: 开户名称:________________ 开户银行:________________ 账　　号:________________

① 投标控制价应在招标文件中公布,或以补遗书形式在投标截止日期15天前公布。

② 投标文件有效期一般为90日。

③ 浙江省及各地市对投标保证金的递交、退还等有相应规定的,可在此处加以补充、细化。

续上表

条款号	条 款 名 称	编 列 内 容
3.4.4	投标保证金不予退还的情形	(1)投标人在规定的投标有效期内撤销或修改其投标文件; (2)中标人在收到中标通知书后,无正当理由拒签合同协议书或未按招标文件规定提交履约担保; (3)经查实,投标人在投标过程中串通投标或弄虚作假的; (4)拟派总监理工程师在投标截止日有在其他在建合同工程上担任总监理工程师的情形。 出现上述投标保证金不予退还情形的,其投标保证金及银行同期存款利息将被没收,不再退还给投标人
3.5.2	近年财务状况的年份要求①	□无须提供 □提供,要求的年份:____年、____年、____年
3.5.3	近年已完工的同类工程一览表的年份要求②	年份:自____年____月 1 日以来 需附资料: (1)施工监理合同协议书扫描件; (2)发包人出具的交工验收证书或经项目主管质量监督部门确认的监理项目评定书的扫描件。 以上资料缺一不可,否则业绩不予认可
3.5.6	近年履约信誉的年份要求③	自____年____月____日以来
3.6	是否允许递交备选投标方案	不允许
3.7.3	签字或盖章要求	投标函、报价文件、资格审查资料的内容应由投标人的法定代表人或其委托代理人逐页签字(不得由签名章代替,本页正文内容已由投标人的法定代表人或其委托代理人签字的可不签字)并按格式要求加盖投标人单位章

① 一般不作要求,用"/"表示。

② 一般为 5 年。

③ 一般为近 3 年。

续上表

条款号	条 款 名 称	编 列 内 容
3.7.4	投标文件份数及及电子版格式[①]要求	正本____份,副本____份,电子文件1份(U盘)。投标人在接到中标通知书后签订合同协议书前,应按正本的复制件再递交____份投标文件的副本
3.7.5	投标文件装订要求	投标文件的商务及技术文件、报价文件应分别独立装订成册,正本和副本分别独立装订成册,均使用胶装,不得采用活页装订
4.1.2	封套上写明	**投标文件第一个信封(商务及技术文件)内层封套:** 投标人地址:________________ 投标人邮编:________________ 投标人名称:________________ 投标人联系人:______________ 联系电话:__________________ **投标文件第二个信封(报价文件)内层封套:** 投标人地址:________________ 投标人邮编:________________ 投标人名称:________________ 投标人联系人:______________ 联系电话:__________________ **投标文件外层封套:** 送达投标文件地址(或招标人地址): ____________________________ 招标人名称:________________ ___________(项目名称)施工监理投标文件 在____年____月____日____时____分前不得开启
4.2.2	递交投标文件的地点	(详细地址)
4.2.3	是否退还投标文件	□否 □是
4.2.5	投标文件的拒收情形	(1)逾期送达的; (2)未送达指定地点的; (3)未按本章第4.1款规定密封和加写标记的

① 投标文件电子文件(U盘)由招标人视需要而定。

续上表

条款号	条 款 名 称	编 列 内 容
4.2.6	招标人通知延后投标截止时间的时间	原定投标截止时间____日前[①]
5.1	开标时间和地点	投标文件第一个信封(商务及技术文件)开标时间:同投标截止时间。 投标文件第一个信封(商务及技术文件)开标地点:____________________ 投标文件第二个信封(报价文件)开标时间:在投标文件第一个信封开标时通知。 投标文件第二个信封(报价文件)开标地点:____________________
5.2	开标程序[②](双信封)	5.2.1 招标人按下列程序对投标文件第一个信封(商务及技术文件)进行开标: (1)宣布开标纪律; (2)公布在投标截止时间前递交投标文件的投标人名称,并点名确认投标人是否派人到场; (3)宣布开标人、唱标人、记录人、监标人[③]等有关人员姓名; (4)按照"投标人须知前附表"规定检查投标文件的密封情况; (5)按照"投标人须知前附表"的规定确定并宣布投标文件开标顺序; (6)按照宣布的开标顺序当众开标,公布投标人名称、标段名称、投标函的相关内容,并记录在案; (7)投标人代表、招标人代表、监标人、记录人等有关人员在开标记录上签字确认; (8)开标会议结束。 5.2.2 若招标人宣读的内容与投标文件不符时,投标人有权在开标现场提出异议,经监标人当场核查确认之后,可重新宣读其投标文件。若投标人现场未提出异议,则认为投标人已确认招标人宣读的内容。

① 一般为 7 天。

② 浙江省及各地市对开标程序有相应规定的,可在此处加以补充、细化。

③ 监标人一般由行业监督或招标人纪检监察人员担任。

续上表

条款号	条款名称	编列内容
5.2	开标程序(双信封)	5.2.3　投标文件第二个信封(报价文件)不予开封,并交监标人密封保存 5.2.4　招标人将按照本章第5.1款规定的时间和地点对投标文件第二个信封(报价文件)进行开标。主持人按下列程序进行开标: (1)宣布开标纪律; (2)当众拆开投标文件第一个信封(商务及技术文件)评审结果的密封袋,宣布通过投标文件第一个信封(商务及技术文件)评审的投标人名单,并点名确认投标人是否派人到场; (3)宣布开标人、唱标人、记录人、监标人等有关人员姓名; (4)按照"投标人须知前附表"规定检查投标文件的密封情况; (5)按照"投标人须知前附表"的规定确定并宣布投标文件开标顺序; (6)宣布投标文件第一个信封(商务及技术文件)评审情况,对所有投标人的投标文件第二个信封进行当众开标,公布投标文件第二个信封(报价文件)的投标人名称、标段名称、投标报价,并记录在案; (7)投标人代表、招标人代表、监标人、记录人等有关人员在开标记录上签字确认; (8)开标会议结束。 5.2.5　第二个信封(报价文件)开标过程中,若招标人发现投标人未在报价函上填写投标价,招标人应如实记录并经监标人签字确认后提交评标委员会。 5.2.6　若招标人宣读的内容与投标文件不符时,投标人有权在开标现场提出异议,经监标人当场核查确认之后,可重新宣读其投标文件。若投标人现场未提出异议,则认为投标人已确认招标人宣读的内容

续上表

条款号	条 款 名 称	编 列 内 容
6.1.1	评标委员会的组建[①]	评标委员会构成:____人,其中招标人代表____人,库选专家____人; 评标专家确定方式:按规定从________评标专家库中随机抽取方式确定,评标委员会主任在库选评标委员中推荐或随机抽取产生
6.3	评标	询问核实限定时间:评标委员会首次通知后 60 分钟内
6.4	中标候选人公示及异议	公示平台:________、浙江交通网。 公示内容:评标结果、投标人投标不良行为(如有,仅在浙江交通网公示)、否决投标原因及依据、中标候选人与中标有关的类似项目业绩情况、总监理工程师姓名、监理资格证书编号等
7.1.1	是否授权评标委员会确定中标人	□是 □否,推荐的中标候选人的人数为 1 名
7.2.1	收到中标通知书确认时间	收到中标通知书后 24 小时内(以发出时间为准)
7.3.1	履约保证金	履约保证金形式[②]:____________ 监理人信用等级为 AA、A 等级的,履约保证金金额为签约合同价的 3%,B、C 等级企业为签约合同价的 4%,D 等级企业为签约合同价的 5%(以浙江省交通运输厅最新的监理企业信用评价结果为准,浙江省交通运输厅最新的监理企业信用评价结果未涉及的企业按 B 级计算)

① 评标委员会由招标人代表和有关方面的专家组成,人数为 5 人及以上单数。其中招标人代表最多 1 人,在 2 人中随机抽取 1 人产生,招标人代表不得担任评标委员会主任。

② 履约保证金形式可采用银行保函或现金,采用银行保函时,出具履约保证金的银行级别:国有或股份制商业银行县(区、市)级及以上银行。

续上表

条款号	条 款 名 称	编 列 内 容
9.5	投诉	综合监督部门:＿＿＿＿ 地　　址:＿＿＿＿ 电　　话:＿＿＿＿ 邮政编码:＿＿＿＿ 投诉受理部门:＿＿＿＿ 地　　址:＿＿＿＿ 电　　话:＿＿＿＿ 邮政编码:＿＿＿＿ 行业管理部门:＿＿＿＿ 地　　址:＿＿＿＿ 电　　话:＿＿＿＿ 邮政编码:＿＿＿＿
需要补充的其他内容		
10.3	保密规定	投标人不得通过互联网与任何单位和个人进行与本项目有关图纸资料交换传递,不得通过任何途径向本项目无关方泄露和传播本项目有关图纸资料
10.4	递交监理人员资料时间	(1)在签订合同前,中标人应按合同专用条款第2.4款人员要求,将拟投入施工准备期监理的人员名单及资料交招标人审查,并满足要求。由于中标人原因未能及时提供该资料或资料不满足合同专用条款第2.4款要求导致签订合同时间延期的,按投标人须知第7.4.1项处理。 (2)在施工准备期结束前15天,监理人应按合同专用条款第2.4.1项人员要求,将拟投入施工及交工验收期监理的人员名单及资料交发包人审查,并满足要求。由于监理人原因未能及时提供该资料或资料不满足合同专用条款第2.4.1项要求,监理人员不能及时到岗的,视为监理人违约,按专用合同条款第4.1款处理

投标人须知附录

附录 1　资格审查条件(资质条件)

标段:____________

项　目	条　件	备　注
资 质	投标人具备独立法人资格、交通运输主管部门核发的______监理资质①,持有工商行政管理部门核发的有效企业法人营业执照	

① 招标人在满足国家相关法律、法规的前提下,根据项目特点和实际情况确定具体的资质要求。联合体投标的应对联合体牵头人和联合体成员分别提出明确要求。

附录 2　资格审查条件(业绩要求)

标段:____________

项目	要　求	备　注
业绩[①]	自____年____月____日[②](以实际交工日期为准)以来按一个监理合同段完成过一个___________施工监理项目	

注:1. 监理业绩证明文件需提供:①施工监理合同协议书;②发包人出具的交工验收证书或经项目主管质量监督部门确认的监理项目评定书。二者缺一不可,否则业绩不予认可。

2. 上述资料中的监理人名称与投标人名称必须一致(监理人名称发生合法变更的,需提供合法变更的有效文件),否则业绩不予认可。

3. 工程规模解释顺序为:监理项目评定书、交工验收证书、合同协议书;如上述资料中均未体现工程规模、工程内容的,投标人还应提供由项目发包人出具并经项目行业主管部门或项目主管质量监督部门确认的有关数据信息,否则业绩不予认可。

---

① 招标人在满足国家相关法律、法规的前提下,根据项目特点和实际情况确定具体的业绩要求,但不得设置过高的业绩资格条件,一般在原招标项目的基础上降低一个等级设置。采用联合体投标的,则联合体各方应按照"联合体协议书"中的职责分工提供相应的业绩证明材料,否则业绩不予认可。

② 一般应要求投标人提供最近 5 年的监理业绩。上半年招标的项目,一般为"1 月 1 日以来";下半年招标的项目,一般为"7 月 1 日以来",下同。

附录 3　资格审查条件(主要监理人员资格要求)

标段:____________

序号	监理岗位	资格要求	数量	备注
1	总监理工程师	具有______监理资格(______专业),具有______及以上技术职称,担任过______项目的总监或副总监(或只设置一级监理机构的驻地或副驻地)职务__1__周年[①]及以上,年龄 60 周岁及以下	1	自有人员
2	副总监理工程师	具有______监理资格(______专业),具有______及以上技术职称,担任过______项目的专业监理工程师及以上职务__1__周年及以上,年龄 60 周岁及以下		自有人员
3	______专业监理工程师	具有______监理资格(______专业),具有______及以上技术职称,担任过______项目的专业监理工程师及以上职务__1__周年及以上,年龄 60 周岁及以下		自有人员

注:1. 投标人应在投标文件中提供主要监理人员身份证、毕业证、职称证书、监理资格证书的彩色打印件(或清晰可辨的扫描件),以上信息按规定在浙江省交通运输厅监理市场诚信信息系统上公开,并提供在浙江省交通运输厅监理市场诚信信息系统上查询结果含水印的打印件,不公开或不一致或未附查询结果含水印的打印件的,以上信息不予认可。

2. 主要监理人员的监理经历按规定在浙江省交通运输厅监理市场诚信信息系统上公开,并提供在浙江省交通运输厅监理市场诚信信息系统上查询结果含水印的打印件,未提供含水印信息公开的打印件或提供的信息公开打印件不一致的,其监理经历不予认可。拟委任的总监理工程师还应提供监理经历证明文件(监理项目评定书、执业管理手册或项目发包人出具的并经项目交通运输主管部门或质量监督部门确认的书面材料),未提供监理经历证明文件的,其监理经历不予认可。

① 主要监理人员监理经历要求一般为 1 周年,附属工程为 0.5 年。

3. 自有人员指在投标人岗位登记的人员。投标人自有人员应提供在浙江省交通运输厅监理市场诚信信息系统上查询结果含水印的打印件,未提供以上材料的,其作为投标人自有人员情况不予认可。

4. 企业法定代表人[如为监理甲级资质,则还包括其资质证书(副本)上列明的企业负责人、企业技术负责人]和在其他在建项目中担任总监理工程师的,不能在本项目任职。"在建项目"的起止时间界定:监理合同段中标通知书发出之日(不通过招标方式的,开始时间为合同签订之日)起至监理合同段所辖施工标段均通过交工验收之日(或监理合同解除之日)止。如总监理工程师已经更换的,应在投标文件中附项目业主的同意更换证明材料并在浙江省交通运输厅监理市场诚信信息系统更新完成该人员登记,否则更换前后的总监理工程师均视为有"在建项目"。

5. 主要监理人员均须持有省级及以上交通监理行业协会核发的《交通建设工程安全监理合格证书》、《公路工程环境保护监理合格证书》,其中 2012 年 1 月 1 日以后获得交通运输部监理资格证书的监理工程师无须提供《交通建设工程安全监理合格证书》、《公路工程环境保护监理合格证书》的彩色打印件(或清晰可辨的复印件)。

6. 主要监理人员根据交通运输部最新信用评价结果,监理工程师个人评价周期内累计扣分在 24 分(不含)以下。

7. 投标人可登录浙江省交通运输厅监理市场诚信信息系统进行监理企业用户注册,并按浙江省交通运输厅要求报送有关信息。登录网址为:http://jlsccx.zjt.gov.cn/,联系电话:0571-83789631。

附录 4　资格审查条件(信誉要求)

标段:____________

项目	要　求	备　注
信誉要求	1. 投标人不存在投标人须知第 1.4.3 项的情形; 2. 近 __3__ 年(自____年____月____日以来),投标人及其拟委任的总监理工程师无行贿犯罪行为(以检察机关出具的行贿犯罪档案查询结果为准,时间以法院判决书判决的日期为准)	

注:投标人及其拟委任的总监理工程师无行贿犯罪行为投标人无须提供,由招标人向检察机关职务犯罪预防部门进行行贿犯罪档案查询。

投标人须知[①](适用非电子招标)

1. 总则

1.1　项目概况

1.1.1　本招标项目已具备招标条件,现对本项目施工监理进行招标。

1.1.2　本招标项目招标人:见投标人须知前附表。

1.1.3　本监理标段招标代理机构:见投标人须知前附表。

1.1.4　本招标项目名称:见投标人须知前附表。

1.1.5　本监理标段建设地点:见投标人须知前附表。

1.1.6　本监理标段规模:见投标人须知前附表。

1.1.7　本监理标段相对应工程概算或施工图预算金额:见投标人须知前附表。

1.2　资金来源和落实情况

1.2.1　本招标项目的资金来源:见投标人须知前附表。

1.2.2　本招标项目的资金落实情况:见投标人须知前附表。

1.3　招标范围、监理服务阶段、监理工作范围、质量要求、施工工期和监理服务期

1.3.1　本次招标范围:见投标人须知前附表。

1.3.2　监理服务阶段:见投标人须知前附表。

1.3.3　监理工作范围:见投标人须知前附表。

1.3.4　对第三方履约管理的服务目标:见投标人须知前附表。

1.3.5　施工工期和监理服务期:见投标人须知前附表。

1.4　投标人资格要求

1.4.1　投标人应具备承担本标段施工监理的资质、能力和信誉。

(1)资质条件:见投标人须知前附表;

(2)业绩要求:见投标人须知前附表;

(3)总监理工程师资格要求:见投标人须知前附表;

(4)其他主要监理人员资格要求(可选):见投标人须知前附表;

(5)信誉要求:见投标人须知前附表;

(6)财务要求:见投标人须知前附表;

(7)其他要求:见投标人须知前附表。

1.4.2　投标人须知前附表规定接受联合体投标的,除应符合本章第1.4.1项和投标人须知前附表的规定外,还应遵守以下原则:

---

① 正文内容不得修改。

(1)联合体各方应按招标文件提供的格式签署联合体协议书,明确联合体牵头人和各方权利义务;

(2)拟派驻现场监理机构的总监理工程师应为联合体牵头人单位人员,且登记工作单位为牵头人单位;

(3)联合体成员可以由投标人须知前附表规定数量的监理企业组成,联合体各方均应具备承担招标项目的相应能力和本章第 1.4.1 项规定的相应要求,由同一专业的单位组成的联合体,按照资质等级较低的单位确定资质等级;

(4)联合体各方不得再以自己名义单独或参加其他联合体在同一标段中投标;

(5)联合体各方必须分别提供能证明其监理资质、法人资格及工程监理业绩等的文件或资料扫描件,并加盖投标人公章。

1.4.3 投标人不得存在下列情形之一:

(1)与招标人存在利害关系可能影响招标公正性的法人、其他组织或个人;

(2)单位负责人为同一人或者存在控股(含法定代表人控股)、管理关系的不同单位,参加同一标段投标或者未划分标段的同一投标项目投标;

(3)与本标段的施工承包人、代建人或招标代理机构有隶属关系;

(4)与本标段的施工承包人、代建人或招标代理机构同为一个法定代表人;

(5)与本标段的施工承包人、代建人或招标代理机构相互控股或参股;

(6)与本标段的施工承包人、代建人或招标代理机构相互任职或工作;

(7)被责令停业的;

(8)被交通运输部、浙江省交通运输厅、浙江省发改委取消投标资格或禁止进入浙江省交通建设市场且处于有效期内;

(9)财产被接管、冻结或破产的;

(10)在最近 3 年内有弄虚作假骗取中标、围标串标行为或严重违约等的。

1.5 费用承担

投标人准备和参加投标活动发生的费用自理。

1.6 保密

参与招标投标活动的各方应对招标文件和投标文件中的商业和技术等秘密保密,违者应对由此造成的后果承担法律责任。

1.7 语言文字

除专用术语外,与招标投标有关的语言均使用中文。必要时专用术语应附有中文注释。

1.8 计量单位

所有计量均采用中华人民共和国法定计量单位。

1.9　踏勘现场

1.9.1　投标人须知前附表规定组织踏勘现场的,招标人按投标人须知前附表规定的时间、地点组织投标人踏勘项目现场。投标人踏勘现场发生的费用自理。

1.9.2　除招标人的原因外,投标人自行负责在踏勘现场中所发生的人员伤亡和财产损失。

1.9.3　招标人在踏勘现场中介绍的工程场地和相关的周边环境情况,以及提供的本合同工程的水文、地质、气象和料场分布、取土场、弃土场位置等参考资料,供投标人在编制投标文件时参考,并不构成合同文件的组成部分,投标人应对自己就上述资料的解释、推论和应用负责,招标人不对投标人据此作出的判断和决策承担任何责任。

1.10　投标预备会

1.10.1　投标人须知前附表规定召开投标预备会的,招标人按投标人须知前附表规定的时间和地点召开投标预备会,澄清投标人提出的问题。

1.10.2　投标人应在投标人须知前附表规定的时间前,以书面形式将提出的问题送达招标人,以便招标人在会议期间澄清。

1.10.3　投标预备会后,招标人在投标人须知前附表规定的时间内,将对投标人所提问题的澄清,以书面方式通知所有购买招标文件的投标人。该澄清内容为招标文件的组成部分。

1.11　分包

见投标人须知前附表。

1.12　偏差

偏差分为重大偏差和细微偏差。

1.12.1　投标文件不符合第三章"评标办法"第2.1款所列的初步评审标准及按照第三章"评标办法"第3.4.3项规定对投标价进行算术性错误修正后,最终投标报价超出投标控制价(如有)的,属于重大偏差,视为对招标文件未作出实质性响应,按否决投标处理。

1.12.2　投标文件中的下列偏差为细微偏差:

(1)在按照第三章"评标办法"第3.4.3项规定对投标价进行算术性错误修正后,最终投标报价未超出投标控制价的;

(2)监理大纲不够完善。

1.12.3　评标委员会对投标文件中的细微偏差按如下规定处理,评标委员会可在相关评分因素的评分中酌情扣分,但评分不得低于评标办法中规定的最低得分。

(1)对于本章第1.12.2项(1)目所述的细微偏差,按照第三章"评标办法"的规定予以修正并要求投标人进行澄清;

(2)对于本章第1.12.2项(2)目所述的细微偏差,评标委员会可在相关评分因素的评分中酌情扣分。

2. 招标文件

2.1 招标文件的组成

(1)招标公告(或投标邀请书);

(2)投标人须知;

(3)评标办法;

(4)监理合同条款及格式;

(5)监理服务期报价;

(6)图纸和资料;

(7)标准与规范;

(8)投标文件格式;

(9)投标人须知前附表规定的其他材料;

(10)根据本章第1.10款、第2.2款和第2.3款对招标文件所作的澄清、修改、补充,构成招标文件的组成部分。

2.2 招标文件的澄清

2.2.1 投标人获取招标文件后,应仔细阅读和检查招标文件的全部内容。如发现缺页或附件不全,应及时向招标人索取,以便补齐。如有疑问,应在投标人须知前附表规定的时间前以书面形式要求招标人对招标文件予以澄清。否则,由此引起的损失由投标人自己承担。

2.2.2 招标文件的澄清将在投标人须知前附表规定的投标截止时间15日前以书面形式发给所有购买招标文件的投标人,但不指明澄清问题的来源。如果澄清发出的时间距投标截止时间不足15天,相应延长投标截止时间。招标人有责任保证所有购买招标文件的投标人收到招标文件的澄清。

2.2.3 投标人在收到澄清后,应在投标人须知前附表规定的时间内以书面形式通知招标人,确认已收到该澄清。

2.3 招标文件的修改、补充

2.3.1 在投标截止时间15日前,招标人可以书面形式修改、补充招标文件,并通知所有已购买招标文件的投标人。如果修改、补充招标文件的时间距投标截止时间不足15日,相应延长投标截止时间。招标人有责任保证所有购买招标文件的投标人收到招标文件的修改。

2.3.2 投标人收到修改、补充内容后,应在投标人须知前附表规定的时间内以书面形式通知招标人,确认已收到该修改。

当招标文件的澄清、修改、补充等在同一内容的表述不一致时,以在后发出的书面文件为准。

2.4　对招标文件的异议

投标人或者其他利害关系人对招标文件有异议的,应在投标截止时间 10 天前以书面形式提出。招标人应在收到异议之日起 3 天内作出答复;作出答复前,应暂停招标投标活动。

3. 投标文件

3.1　投标文件的组成

投标文件的组成见投标人须知前附表。

3.2　投标报价

3.2.1　投标报价是投标人按照招标文件的要求完成投标人须知前附表规定监理服务阶段监理工作所需的费用。

3.2.2　本合同监理服务费依据国家现行有关规定。

3.2.3　投标人应按投标人须知前附表规定的监理服务费报价方式进行报价,投标人在报价函中的报价应在投标控制价(含)内。投标控制价见投标人须知前附表。

3.2.4　投标人应按照招标文件规定的格式和内容计算填报投标报价。投标人未计算填报的部分,视为该部分费用已包含在报价中,发包人将不再支付。

3.3　投标有效期

3.3.1　在投标人须知前附表规定的投标有效期内,投标人不得要求撤销或修改其投标文件。

3.3.2　出现特殊情况需要延长投标有效期的,招标人以书面形式通知所有投标人延长投标有效期。投标人同意延长的,应相应延长其投标保证金的有效期,但不得要求被允许修改或撤销其投标文件;投标人拒绝延长的,其投标失效,但投标人有权收回其投标保证金及同期银行存款利息。

3.4　投标保证金

3.4.1　投标人在递交投标文件的同时,应按投标人须知前附表规定的金额、担保形式和要求递交投标保证金,并作为其投标文件的组成部分。联合体投标的,其投标保证金由牵头人递交,并应符合投标人须知前附表的规定。投标人未按要求提交投标保证金的,其投标文件作否决投标处理。

3.4.2　招标人与中标人签订监理合同后 5 日内,向中标人和未中标的投标人退还投标保证金及同期银行存款利息;如果要求中标人提供履约保证金的,中标人的投标保证金及同期银行存款利息在中标人提交了履约保证金并签订监理合同后5日内退还。

3.4.3 投标保证金有效期与投标文件有效期一致,招标人按照规定延长投标文件有效期的,投标保证金按本章投标人须知第3.3款的规定执行。

3.4.4 有投标人须知前附表规定情形之一的,投标保证金将不予退还。

3.5 资格审查资料

3.5.1 “投标人基本情况表”应附投标人公司简介、企业法人营业执照副本(全本)的、施工监理资质证书副本(全本)、基本账户开户许可证的扫描件并加盖公章。

3.5.2 若投标人须知前附表要求提供“近年财务状况表”,则“近年财务状况表”应附经会计师事务所或审计机构审计的财务会计报表,包括资产负债表、现金流量表、利润表和财务情况说明书的扫描件,具体年份要求见投标人须知前附表。

3.5.3 “投标人近年已完工的类似工程明细表”具体年份及需附资料见投标人须知前附表。每张表格只填写一个项目,并标明序号。

3.5.4 “投标人在监的和新承监的项目一览表”应附中标通知书和(或)合同协议书扫描件。

3.5.5 “投标人拟投入本项目总监理工程师及其他主要监理人员简历表”应附总监理工程师及其他主要监理人员身份证、职称资格证书以及投标人须知附录3要求的其他资料扫描件。

3.5.6 “投标人履约信誉情况表”应说明相关情况,具体年份要求见投标人须知前附表。

3.5.7 投标人须知前附表规定接受联合体投标的,本章第3.5.1项至第3.5.6项规定的表格和资料应包括联合体各方相关情况。

3.5.8 招标人有权核查投标人在投标文件中提供的材料,若在评标期间发现投标人提供了虚假资料,招标人有权对投标人的投标文件作否决投标处理,其投标保证金及同期银行存款利息不予退还;若在评标结果公示期间发现作为中标候选人的投标人提供了虚假资料,招标人有权取消其中标资格,其投标保证金及同期银行存款利息不予退还;若在合同实施期间发现投标人提供了虚假资料,招标人有权从合同价款或履约担保中扣除不超过5%签约合同价的金额作为违约金。同时招标人将投标人以上弄虚作假行为上报省级交通运输主管部门,作为不良记录纳入浙江省交通运输厅建设市场诚信信息系统和信用评价管理系统。

3.6 备选投标方案

除投标人须知前附表另有规定外,投标人不得递交备选投标方案。允许投标人递交备选投标方案的,只有中标人所递交的备选投标方案方可予以考虑。评标委员会认为中标人的备选投标方案优于其按照招标文件要求编制的投标方案的,招标人可以接受该备选投标方案。

3.7 投标文件的编制

3.7.1　投标文件应按第八章“投标文件格式”进行编写,如有必要,可以增加附页,作为投标文件的组成部分。

3.7.2　投标文件应当对招标文件有关监理服务期、投标有效期、监理大纲、对第三方履约管理的服务目标、监理工作范围、招标范围等实质性内容作出响应。

3.7.3　投标文件应用不褪色的材料书写或打印,并由投标人的法定代表人或其委托代理人签字并加盖投标文件公章。委托代理人签字的,投标文件应附法定代表人签署的授权委托书。投标文件应尽量避免涂改、行间插字或删除。如果出现上述情况,改动之处应加盖单位章或由投标人的法定代表人或其授权的代理人签字确认。签字或盖章的具体要求见投标人须知前附表。

3.7.4　投标文件正本一份,副本份数见投标人须知前附表。正本与副本应分别装订成册,并编制目录。正本和副本的封面右上角上应清楚地标记“正本”或“副本”的字样。副本可以是正本的复制件,字迹应清晰易于辨认,当副本、电子版内容和正本不一致时,以正本为准。电子版格式见投标人须知前附表。

3.7.5　投标文件的商务及技术文件和报价文件应分别独立成册,具体装订要求见投标人须知前附表。

4. 投标

4.1 投标文件的密封和标识

4.1.1　本次招标采用双信封形式,第一个信封(商务及技术文件)的正本与副本统一包装在一个内层封套中;第二个信封(报价文件)的正本与副本及投标文件电子文件(如需要)统一包装在一个内层封套中;然后将第一、第二个信封统一密封在一个外层封套中。内层和外层封套均应加贴封条并在封口处加盖密封章。外层封套上不应有任何投标人的识别标志。

4.1.2　投标文件第一个信封(商务及技术文件)以及第二个信封(报价文件)封套上应写明的内容见投标人须知前附表。

4.1.3　未按本章第4.1.1项或第4.1.2项要求密封和加写标记的投标文件,招标人不予受理。

4.2 投标文件的递交

4.2.1　投标人应在本章第2.2.2项规定的投标截止时间前递交投标文件。

4.2.2　投标人递交投标文件的地点:见投标人须知前附表。

4.2.3　除投标人须知前附表另有规定外,投标人所递交的投标文件不予退还。

4.2.4 招标人收到投标文件后,向投标人出具签收凭证。

4.2.5 招标人不予受理(拒收)的情形:见投标人须知前附表。

4.2.6 在特殊情况下,招标人如果决定延后投标截止时间,应在投标人须知前附表规定的时间前,通知所有投标人延后投标截止时间。在此情况下,招标人和投标人的权利和义务相应延后至新的投标截止时间。

4.3 投标文件的修改与撤回

4.3.1 在本章第2.2.2项规定的投标截止时间前,投标人可以修改或撤回已递交的投标文件,但应以书面形式通知招标人。

4.3.2 投标人修改或撤回已递交投标文件的书面通知应按照本章第3.7.3项的要求签字或盖章。招标人收到书面通知后,向投标人出具签收凭证。

4.3.3 修改的内容为投标文件的组成部分。修改的投标文件应按照本章第3条、第4条规定进行编制、密封、标记和递交,并标明"修改"字样。

5. 开标

5.1 开标时间和地点

招标人在本章第2.2.2项规定的投标截止时间(开标时间)和投标人须知前附表规定的地点对收到的投标文件第一个信封(商务及技术文件)公开开标,并邀请所有投标人的法定代表人或其委托代理人准时参加。

招标人在投标人须知前附表规定的时间和地点对投标文件第二个信封(报价文件)进行开标,并邀请所有投标人的法定代表人或其委托代理人准时参加。

投标人若未派法定代表人或委托代理人出席开标活动,视为该投标人默认开标结果。

开标结果由投标人的法定代表人或其委托代理人签字确认,若未签字确认,视为该投标人默认开标结果。不得事后对开标结果提出任何异议。

5.2 开标程序

见投标人须知前附表。

5.3 开标异议

投标人对开标有异议的,应当在开标现场提出,招标人当场作出答复,并制作记录。

6. 评标

6.1 评标委员会

6.1.1 评标由招标人依法组建的评标委员会负责。评标委员会由招标人或其委托的招标代理机构熟悉相关业务的代表,以及有关技术、经济等方面的专家组成。评标委员会成员人数以及技术、经济等方面专家的确定方式见投标人须知前附表。

6.1.2　评标委员会成员有下列情形之一的,应当回避:

(1)投标人或投标人的主要负责人的近亲属;

(2)项目主管部门或者行政监督部门的人员;

(3)与投标人有经济利益关系,可能影响对投标公正评审的;

(4)曾因在招标、评标以及其他与招标投标有关活动中从事违法行为而受过行政处罚或刑事处罚的;

(5)与投标人有其他利害关系的。

6.2　评标原则

评标活动遵循公平、公正、科学和择优的原则,按照招标文件规定的标准和方法,对投标文件进行评审和比较。

6.3　评标

评标委员会按照第三章"评标办法"规定的方法、评审因素、评审标准和程序对投标文件进行评审。第三章"评标办法"没有规定的方法、评审因素和标准,不作为评标依据。

凡评标委员会拟作出否决投标决定的,应先向投标人进行询问核实。未进行询问核实程序的,不得作出否决投标决定(投标人所留联系方式无法联系上、在投标人须知前附表限定时间内投标人不参加询问核实或未出具答复意见的除外)。

第三章"评标办法"中规定的否决投标情形,由评标委员会审核并经过询标程序,其投标文件作否决处理。

6.4　中标候选人的公示及异议

招标人应在收到评标报告之日起 3 天内在投标人须知前附表规定的网站上公示中标候选人,公示期不得少于 3 天,公示内容见投标人须知前附表。

投标人或者其他利害关系人对依法必须进行招标的项目的评标结果有异议的,应在中标候选人公示期间提出。招标人应在收到异议之日起 3 天内作出答复;作出答复前,应暂停招标投标活动。

6.5　履约能力的审查

如果中标候选人的经营、财务状况发生较大变化或者存在违法行为,招标人认为可能影响其履约能力的,应在发出中标通知书前报请行政监督部门,由行政监督部门召集原评标委员会按照招标文件规定的标准和方法审查确认。

7. 合同授予

7.1 定标方式

7.1.1 除投标人须知前附表规定评标委员会直接确定中标人外,招标人依据评标委员会推荐的中标候选人确定中标人,国有资金占控股或者主导地位的依法必须进行招标的项目,确定排名第一的中标候选人为中标人。评标委员会推荐中标候选人的数量见投标人须知前附表。

7.1.2 中标候选人经公示无异议、招标人发出中标通知书。依法必须进行招标的公路工程建设项目,招标人应当自确定中标人之日起15日内,将招标投标情况的书面报告报对该项目具有招标监督职责的交通运输主管部门备案。

招标投标情况的书面报告至少应当包括下列内容:

(1)招标项目基本情况;

(2)招标过程简述;

(3)评标情况说明;

(4)中标候选人公示情况;

(5)中标结果;

(6)附件,包括评标报告、评标委员会成员履职情况说明等。

有资格预审情况说明、异议及投诉处理情况和资格审查报告的,也应当包括在书面报告中。

7.1.3 中标候选人公示媒体见本章第6.4款。

7.2 中标通知

7.2.1 在本章第3.3款规定的投标有效期内,招标人以书面形式向中标人发出中标通知书,同时将中标结果通知未中标的投标人。投标人在收到中标通知书后,应在投标人须知前附表规定的时间内以书面形式进行确认。

7.2.2 投标人相互串通投标或者与招标人串通投标的,投标人向招标人或者评标委员会成员行贿谋取中标的,中标无效。

7.3 履约保证金

7.3.1 在签订合同前,中标人应按投标人须知前附表规定的金额、担保形式和招标文件第四章"合同条款及格式"规定的履约保证金格式向招标人提交履约保证金。联合体中标的,其履约担保由牵头人递交,并应符合投标人须知前附表规定的金额、担保形式和招标文件第四章"合同条款及格式"规定的履约保证金格式要求。

7.3.2 中标人不能按本章第7.3.1项要求提交履约保证金的,视为放弃中标,其投标保证金及同期银行存款利息不予退还,给招标人造成的损失超过投标保证金数额的,中标人还应当对超过部分予以赔偿。

7.4　签订合同

7.4.1　招标人和中标人应当自中标通知书发出之日起30天内,根据招标文件和中标人的投标文件订立书面合同。中标人无正当理由拒签合同的,或在签订合同时向招标人提出附加条件的,招标人取消其中标资格,其投标保证金及同期银行存款利息不予退还;给招标人造成的损失超过投标保证金及同期银行存款利息数额的,中标人还应当对超过部分予以赔偿。

7.4.2　发出中标通知书后,招标人无正当理由拒签合同的,招标人向中标人退还投标保证金及同期银行存款利息;给中标人造成损失的,还应当赔偿损失。

7.4.3　招标人应当在与中标人签订书面合同协议之日起15日内将合同协议送有关行政监督管理部门备案。

7.4.4　合同协议书经双方法定代表人或其授权的代理人签署并加盖单位公章后生效。若为联合体投标,则联合体各成员的法定代表人或其授权的代理人都应在合同协议书上签署并加盖单位公章。发包人和中标人在签订合同协议书的同时需按照本招标文件规定的格式和要求签订廉政合同,明确双方在廉政建设方面的权利和义务以及应承担的违约责任。

7.4.5　如果根据本章第3.5.8项、第7.3.2项或第7.4.1项规定,招标人取消了中标人的中标资格,或者排名第一的中标候选人放弃中标或因不可抗力不能履行合同,或者被查实存在影响中标结果的违法行为等情形,排名第一的中标候选人不符合中标条件的,招标人将按规定重新组织招标。

7.4.6　签约合同价的确定原则如下:

(1)按照评标办法规定对投标报价进行修正后,若修正后的最终投标报价小于第二个信封(报价文件)开标时的报价函文字报价,则签订合同时以修正后的最终投标报价为准;

(2)按照评标办法规定对投标报价进行修正后,若修正后的最终投标报价大于第二个信封(报价文件)开标时的报价函文字报价,则签订合同时以开标时的报价函文字报价为准,同时按比例修正相应子目的单价或合价。

8. 重新招标和不再招标

8.1　重新招标

有下列情形之一的,招标人应当重新招标:

(1)投标截止时间止,投标人少于3个的;

(2)经评标委员会评审后否决所有投标的;

(3)评标委员会推荐的中标候选人未能与招标人签订监理合同的;

(4)法律规定的其他情形。

8.2 不再招标

重新招标后投标人仍少于3个或者所有投标被否决的,经书面报告原项目审批或核准部门批准后招标人可不再招标。

9. 纪律和监督

9.1 对招标人和招标代理的纪律要求

招标人和招标代理不得收受他人的财物或者其他好处,不得泄露招标投标活动中应当保密的情况和资料,不得与投标人串通损害国家利益、社会公共利益或者他人合法权益,不得对评标委员会的评标工作进行干预和施加任何影响。

9.2 对投标人的纪律要求

投标人不得相互串通投标或者与招标人、招标代理串通投标,不得向招标人、招标代理或者评标委员会成员行贿谋取中标,不得以他人名义投标或者以其他方式弄虚作假骗取中标;投标人不得以任何方式干扰、影响评标工作。

9.3 对评标委员会成员的纪律要求

评标委员会成员不得私下接触投标人,不得收受他人的财物或者其他好处,不得向他人透露对投标文件的评审和比较、中标候选人的推荐情况以及评标有关的其他情况。在评标活动中,评标委员会成员不得擅离职守,影响评标程序正常进行,不得接受任何单位或者个人明示或者暗示提出的倾向或者排斥特定投标人的要求,不得使用第三章"评标办法"没有规定的评审因素和标准进行评标,不得有其他不客观、不公正履行职务的行为。

9.4 对与评标活动有关的工作人员的纪律要求

与评标活动有关的工作人员不得收受他人的财物或者其他好处,不得向他人透露对投标文件的评审和比较、中标候选人的推荐情况以及评标有关的其他情况。在评标活动中,与评标活动有关的工作人员不得擅离职守,影响评标程序正常进行。

9.5 投诉

招标人逾期未答复异议事项,或者潜在投标人或其他利害关系人对招标人的答复不满意,或者潜在投标人或其他利害关系人认为本次招标活动违反法律、法规和规章规定的,投标人或其他利害关系人有权向有关行政监督部门投诉。投诉应按《中华人民共和国招标投标法实施条例》(中华人民共和国国务院令第613号)及《工程建设项目招标投标活动投诉处理办法》(国家七部委令2004年第11号)、国家发改委等九部委2013

年第23号令办理。受理投诉的监督部门见投标人须知前附表。

10. 需要补充的其他内容

10.1　行贿查询

对公示的推荐中标候选人和拟委任总监理工程师,招标人将向检察机关进行行贿犯罪档案查询,查实近3年以来中标候选人或拟委任总监理工程师有行贿犯罪行为的(以检察机关出具的行贿受贿犯罪档案查询结果为准,时间以法院判决书日期为准),则取消该中标候选人的中标资格。

10.2　其他说明

自购买招标文件之日起,投标人应保证其提供的联系方式(电话、传真、电子邮箱)一直有效,以保证往来函件(招标文件的澄清、修改等)能及时通知投标人,并能及时反馈信息,否则招标人不承担由此引起的一切后果。

需要补充的其他内容:见投标人须知前附表。

附件一　开标记录表

____________(项目名称)施工监理第一个信封(商务及技术文件)开标记录表

开标时间:______年____月____日____时____分

序号	投标人	密封情况	投标保证金(元)	对第三方履约管理的服务目标	总监及监理资格证书编号	监理服务期(月)	备注	投标人代表签认

招标人代表:________　　　记录人:________　　　监标人:________

____________(项目名称)施工监理第二个信封(报价文件)开标记录表

开标时间:_____年___月___日___时___分

序号	投标人	投标报价(元)	备注	投标人代表签认
投标控制价				

招标人代表:________　　记录人:________　　监标人:________

附件二　问题澄清通知

问题澄清通知

编号:____________

____________(投标人名称):

____________(项目名称)施工监理招标评标委员会,对你方的投标文件进行了仔细的审查,现需你方对下列问题通过“电子交易平台”予以澄清:

1.

2.

……

请将上述问题的澄清于____年____月____日____时前提交至____________(详细地址)或传真至____________(传真号码)。采用传真方式的,应在____年____月____日____时前将原件递交至____________(详细地址)。

(项目名称)施工监理招标评标委员会
招标人:(单位全称并盖电子公章)[①]
日　期:____年____月____日

① 如采用的是非电子招标,则为评标委员会负责人签字。

附件三　问题的澄清

问题的澄清

编号:____________

____________(项目名称)施工监理招标评标委员会:

问题澄清通知(编号:______)已收悉,现澄清如下:

1.

2.

……

投标人:______(单位全称并盖电子公章)[①]______

法定代表人:(单位全称并盖法定代表人电子章)[②]

日　期:____年____月____日

① 如采用的是非电子招标,则为投标人单位公章。

② 如采用的是非电子招标,则为法定代表人或委托代理人签字。

附件四　中标通知书

中标通知书

致：____________(中标人名称)：

你方于________(投标日期)所递交的________(项目名称)施工监理投标文件已被我方接受,被确定为中标人。

中标价：____________元(人民币大写：____________)；

其中,施工阶段监理服务费：____________元；

缺陷责任期阶段监理服务费：____________元；

其他费用(如果有,列明费用名称)：____________元。

总监理工程师：____________,监理资格证书编号：____________。

请你方在接到本通知书后的________日内到____________(指定地点)与我方签订监理合同,在此之前按招标文件第二章“投标人须知”第7.3款规定向我方提交履约保证金。

特此通知。

招标人：(单位全称并盖电子公章)[①]

招标代理：(单位全称并盖电子公章)

日　期：____年____月____日

① 如采用的是非电子招标,则为招标人、招标代理单位公章。

附件五　中标结果通知书

中标结果通知书

致:____________(未中标人名称):

我方已接受____________(中标人名称)于____________(投标日期)所递交的____________(项目名称)施工监理投标文件,确定____________(中标人名称)为中标人。

感谢你单位对我们工作的大力支持!

招标人:(单位全称并盖电子公章)[①]
招标代理:(单位全称并盖电子公章)
日　期:____年____月____日

① 如采用的是非电子招标,则为招标人、招标代理单位公章。

附件六　确认通知

确 认 通 知

致:____________(招标人名称)

我方已于____年____月____日收到你方____年____月____日发出的____________(项目名称)施工监理招标关于____________的通知。

特此确认。

投标人:(单位全称并盖电子公章)[①]

日　期:____年____月____日

① 如采用的是非电子招标,则为投标人单位公章。

附件七　项目说明

一、项目概况

二、水文、气象及地质简况

三、交通、电力、通信及其他条件

四、施工标段划分

五、监理招标范围及对应施工标段施工内容(含主要工程数量)

六、各监理标段初步设计概算建筑安装工程费或施工图预算金额

第三章　评标办法(技术打分制的综合评估法)

第三章　评标办法(技术打分制的综合评估法)(适用电子招标)

评标办法前附表

<table>
<tr><th colspan="2">条款号</th><th>评审因素与评审标准</th></tr>
<tr><td>2.1.1
2.1.3</td><td>第一个信封形式评审与响应性评审标准</td><td>(1)投标文件第一个信封按照招标文件规定的格式、内容填写,字迹清晰可辨:
a.投标函按招标文件规定填报了项目名称、补遗书编号、投标保证金金额、监理服务期、对第三方履约管理的服务目标及总监理工程师姓名、职称、监理资格证书编号;
b.按照招标文件规定的格式、内容编制了监理大纲;
c.投标文件组成齐全完整;
d.承诺书文字与招标文件规定一致,未进行修改和删减。
(2)投标文件第一个信封中法定代表人、投标人的单位章盖章齐全,符合招标文件规定:
a.投标人上传的电子投标文件解密成功的,电子投标文件第一个信封中法定代表人电子章、投标人的单位电子公章盖章齐全,符合招标文件规定;
b.因系统原因所有投标人的电子投标文件均无法解密、采用纸质投标文件开标的,投标文件第一个信封纸质版应为电子版文件的打印件,无须额外签字盖章。
(3)投标人按照招标文件的规定提供了投标保证金(投标文件中无须提供证明文件)。
(4)投标人法定代表人的授权代理人,需提交附有法定代表人身份证明的授权委托书,签字盖章符合格式规定。
(5)投标人法定代表人亲自签署投标文件的,应提供法定代表人身份证明,签字盖章符合格式规定。
(6)投标人是独家投标。(适用于不接受联合体投标)
(6)投标人以联合体形式投标时,投标人按照招标文件提供的格式签订了联合体协议书,明确了联合体牵头人。(适用于接受联合体投标)
(7)监理服务期、对第三方履约管理的服务目标满足招标文件要求。
(8)投标文件第一个信封未附有招标人不能接受的条件。
(9)投标人没有提出与招标文件中的合同条款相悖的要求:
a.未重新划分风险,增加发包人责任范围,减少投标人义务;
b.在监理服务范围和内容、服务形式以及对合同条款无重要保留等;</td></tr>
</table>

续上表

条款号		评审因素与评审标准
2.1.1 2.1.3	第一个信封形式评审与响应性评审标准	c. 投标人未提出不同的计量、支付办法； d. 投标人未对合同纠纷、质量事故处理办法提出异议； e. 投标人对合同条款没有重大偏离； f. 投标人在投标活动中无欺诈行为； g. 未提出不满足招标文件规定的其他实质性要求。 (10)人员、业绩、信誉证明材料真实。 (11)投标文件第一个信封未出现投标报价
2.1.2	第一个信封资格评审标准	(1)投标人具备有效的营业执照、资质证书和基本账户开户许可证。 (2)投标人的资质条件符合招标文件投标人须知附录 1 要求。 (3)投标人的业绩符合招标文件投标人须知附录 2 要求。 (4)投标人的主要人员资格符合招标文件投标人须知附录 3 要求。 (5)投标人的信誉要求符合招标文件投标人须知附录 4 要求
2.1.4	第二个信封初步评审标准	(1)投标文件第二个信封按照招标文件规定的格式、内容填写,字迹清晰可辨: a. 报价函按招标文件规定填报了项目名称、补遗书编号、投标价(含相应阶段监理服务费、其他费用),且投标人名称与第一个信封投标人名称一致; b. 监理服务费投标报价及其填报与招标文件规定一致,未进行修改和删减; c. 投标文件第二个信封组成齐全完整。 (2)投标文件第二个信封中法定代表人电子章、投标人的单位电子公章盖章齐全,符合招标文件规定: a. 投标人上传的电子投标文件解密成功的,电子投标文件第二个信封中法定代表人电子章、投标人的单位电子公章盖章齐全,符合招标文件规定; b. 因系统原因所有投标人的电子投标文件均无法解密、采用纸质投标文件开标的,投标文件第二个信封纸质版应为电子版文件的打印件,无须额外签字盖章。 (3)在报价函上填写了投标总价(包括大写金额和小写金额),投标价不高于招标人公布的投标控制价,且报价唯一。 (4)投标文件第二个信封未附有招标人不能接受的条件

续上表

条款号	评审因素	评审标准
2.2.1	分值构成 (总分100分。监理大纲分值40分;监理机构人员分值40分,其中总监理工程师分值20分;监理业绩、信誉分值10分;监理服务费报价评审分值为10分)	1.监理大纲评审:<u>40</u>分 2.商务评审: (1)监理业绩:<u>8.5</u>分 (2)企业信誉:<u>1.5</u>分 (3)监理机构人员:<u>40</u>分 3.监理服务费报价评审:<u>10</u>分 4.其他因素评审[①]:<u>/</u>分 评审要求: 商务评审由评标委员会统一打分;监理大纲评审则由各评委单独打分(得分以评标委员会各成员打分平均值确定,该平均值以去掉一个最高分和一个最低分后计算。打分值保留一位小数,计算结果保留两位小数)
2.2.2	评标基准价计算方法	若$m \leq 3$,则直接计算m个投标人的评标价算术平均值; 若$3 < m \leq 10$,则去除最低报价、次低报价和最高报价后,然后计算其余$m-3$个投标人的评标价算术平均值; 若$10 < m \leq 20$,则去除最低报价、次低报价、第三低报价、第四低报价、最高报价、次高报价后,然后计算其余$m-6$个投标人的评标价算术平均值; 若$20 < m \leq 30$,则去除最低报价、次低报价、第三低报价、第四低报价、第五低报价、第六低报价和最高报价、次高报价、第三高报价后,然后计算其余$m-9$个投标人的评标价算术平均值; 若$30 < m \leq 40$,则去除最低报价、次低报价、第三低报价、第四低报价、第五低报价、第六低报价、第七低报价、第八低报价、最高报价、次高报价、第三高报价、第四高报价后,然后计算其余$m-12$个投标人的评标价算术平均值; 若$m > 40$,依次类推计算。 注:m为所有通过第一个信封初步评审、详细评审及第二个信封初步评审、详细评审的投标人数量。 评标基准价由评标委员会计算、复核并签字确认。除计算差错外,评标报告完成后的评标基准价在本次招标期间保持不变。计算差错,仅限于以下两种情况:①纯算术性四则运算差错;②未按约定的计算方法,多计或少计投标人报价。由于评标差错,导致否决投标错误,重新评标纠正等其他情况,不属于计算差错

① 一般不作要求,用"/"表示。

续上表

条款号	评 审 因 素	评 审 标 准
2.2.3	监理服务费报价的偏差率计算公式	偏差率 = 100% ×(投标人监理服务费报价 - 评标基准价)/评标基准价

条款号		评 分 因 素	评 分 标 准
2.2.4(1)	监理大纲评分标准	主要监理岗位的职责(10 分)	各职能部门设置及其职责划分合理可行、具有针对性的,得 10 分;较好的,得 9.8 分;一般的,得 9.5 分
		本工程监理工作重难点分析及对策(10 分)	针对本合同工程难点分析透彻,工作重点把握准确的,得 10 分;较准确的,得 9.8 分;一般的,得 9.5 分
		监理工作的程序与措施(10 分)	针对本合同工程监理工作的程序与措施计划严谨措施得力的,得 10 分;计划可行措施较好的,得 9.8 分;计划和措施均一般的,得 9.5 分
		对工程的建议(10 分)	针对本合同工程的建议具有针对性的,得 10 分;较好的,得 9.8 分;一般的,得 9.5 分

条款号		评 审 因 素		评 分 标 准
2.2.4(2)	商务评审评分标准	监理业绩(8.5 分)	满足招标文件资格审查最低要求的,得 8.5 分	
		企业信誉(-2~1.5 分)	AA 级:得 1.5 分;A 级:得 1 分;B 级:得 0 分;C 级:扣 1 分;D 级:扣 2 分(监理人信用等级以浙江省交通运输厅最新的监理企业信用评价结果为准,浙江省交通运输厅最新的监理企业信用评价结果未涉及的按 B 级计算)	
		总监理工程师(20 分)	满足招标文件资格审查最低要求	满足招标文件资格审查最低要求的,得 18.48 分
			个人信誉扣分(-3.52~1.52 分)	根据交通运输部最新信用评价结果,监理工程师个人评价周期内累计扣分大于或等于 12 分但小于 18 分的,扣 1 分,累计扣分大于或等于 18 分但小于 24 分的,扣 2 分
				浙江省交通运输厅公布的最近 3 年浙江省公路水运工程总监理工程师信用评价结果得分。 评价结果得分计算原则如下: (1)评价结果得分 = $N_1 \times 1 + N_2 \times 0.6 + N_3 \times 0.3$;

续上表

<table>
<tr><th colspan="4">条款号</th><th>评 审 因 素</th><th>评 分 标 准</th></tr>
<tr><td rowspan="5">2.2.4
(2)</td><td rowspan="5">商务评审评分标准</td><td colspan="2">总监理工程师
(20 分)</td><td>个人信誉扣分
(−3.52 ~ 1.52 分)</td><td>(2)近 3 年(由近至远)信用评价等级得分分别为 N_1、N_2、N_3;
(3)总监理工程师的信用评价等级得分为:AA 级得 0.8 分;A 级得 0.5 分;B 级得 0 分;C 级得 −0.5 分;D 级得 −0.8 分;
(4)对于未参加总监理工程师信用评价的,按 B 级计算,其在浙江省交通建设市场参与投标时不加分也不扣分;
(5)加分奖励标准与总监理工程师岗位登记单位挂钩,对于总监理工程师岗位登记发生变更的,变更之前的一年的信用评价若为 AA、A 级的,每变更一次按降一级计算,若为 B 级及以下的,按原等级计算</td></tr>
<tr><td rowspan="4">其他主要监理人员
(20 分)</td><td rowspan="2">副总监理工程师
(____分)</td><td>满足招标文件资格审查最低要求</td><td>满足招标文件资格审查最低要求的,得____分</td></tr>
<tr><td>个人信誉扣分</td><td>根据交通运输部最新信用评价结果,监理工程师个人评价周期内累计扣分大于或等于 12 分但小于 18 分的,扣 1 分,累计扣分大于或等于 18 分但小于 24 分的,扣 2 分</td></tr>
<tr><td rowspan="2">专业监理工程师
(____分)</td><td>满足招标文件资格审查最低要求</td><td>满足招标文件资格审查最低要求的,得____分</td></tr>
<tr><td>个人信誉扣分</td><td>根据交通运输部最新信用评价结果,监理工程师个人评价周期内累计扣分大于或等于 12 分但小于 18 分的,每有 1 位扣 1 分,累计扣分大于或等于 18 分但小于 24 分的,每有 1 位扣 2 分,本项分扣完为止</td></tr>
</table>

续上表

<table>
<tr><th colspan="2">条款号</th><th>评 审 因 素</th><th>评 审 标 准</th></tr>
<tr><td>2.2.4
(3)</td><td>监理服务费报价评分标准
(10分)</td><td>偏差率:
监理服务费报价得分计算公式:
(1)若投标人监理服务费报价 > 评标基准价,则监理服务费报价得分 = 10 - 偏差率 × 100 × E_1;
(2)若投标人监理服务费报价 ≤ 评标基准价,则监理服务费报价得分 = 10 + 偏差率 × 100 × E_2</td><td>E_1值为0.5,E_2值为0.49(分值计算保留小数点后两位)</td></tr>
<tr><td>2.2.4
(4)</td><td>其他因素①</td><td></td><td></td></tr>
<tr><td colspan="4">需要补充的其他内容</td></tr>
<tr><th colspan="2">条款号</th><th colspan="2">评审因素与评审标准</th></tr>
<tr><td>1</td><td>评标方法</td><td colspan="2">第1条细化为:
1.1 评标办法
限定时间:见投标人须知前附表6.3款</td></tr>
<tr><td>3.5.4</td><td>第二个信封详细评审</td><td colspan="2">评标委员会发现投标人的报价明显低于其他投标报价,或者在设有标底时明显低于标底,使得其投标报价可能低于其成本的(建议评标委员会对投标报价低于投标控制价70%的投标人进行询标),应当要求该投标人作出说明并提供相应的证明材料。投标人不能合理说明或者不能提供相应证明材料的,由评标委员会认定该投标人以低于成本报价竞标,其投标作否决投标处理</td></tr>
</table>

① 一般不作要求,用"/"表示。

1. 评标方法及评审范围

1.1　评标方法

本次评标采用技术打分制的综合评估法。

评标委员会在本章第1.2款规定的评审范围,对满足招标文件实质性要求的投标文件,按第2.2款规定的评分标准进行打分,并按得分由高到低顺序推荐中标候选人,或根据招标人授权直接确定中标人,但投标报价低于其成本的除外。综合评分相等时,以投标报价低的优先;投标报价也相等的,以信用评价结果得分高的优先;投标报价和信用评价结果得分均相等的,以递交投标文件时间较前的投标人优先。若同一个投标人在两个标段的综合评分均为第一名时,取其评标价高的标段作为推荐中标候选人,其他标段中不再推荐。

凡评标委员会拟作出否决投标决定的,应先向投标人进行询问核实。未进行询问核实程序的,不得作出否决投标决定(投标人所留联系方式无法联系上、在限定时间内投标人不参加询问核实或未出具答复意见的除外)。

“评标办法”中规定的否决投标情形,由评标委员会审核并经过询标程序,其投标文件作否决处理。除此之外招标文件中其他条款均不得作为否决投标的依据。投标文件作否决投标处理的,应经评标委员会三分之二(含)以上成员认定。

评标委员会在评审结束前,发现第一个信封、第二个信封评审有误的,可予纠正。

1.2　评审范围

第一个信封的评审范围:所有投标人的投标文件第一个信封。

第二个信封的评审范围:通过投标文件第一个信封评审的所有投标人。

2. 评审标准

2.1　初步评审标准

2.1.1　第一个信封形式评审标准:见评标办法前附表。

2.1.2　第一个信封资格评审标准:见评标办法前附表。

2.1.3　第一个信封响应性评审标准:见评标办法前附表。

2.1.4　第二个信封初步评审标准:见评标办法前附表。

2.2　分值构成与评分标准

2.2.1　分值构成

(1)监理大纲:见评标办法前附表;

(2)商务评审(监理业绩、企业信誉、监理机构人员):见评标办法前附表;

(3)监理服务费报价评审:见评标办法前附表;

(4)其他因素评分标准:见评标办法前附表。

2.2.2 评标基准价计算

评标基准价计算方法:见评标办法前附表。

2.2.3 投标报价的偏差率计算

投标报价的偏差率计算公式:见评标办法前附表。

2.2.4 评分标准

(1)监理大纲评分标准:见评标办法前附表;

(2)商务评审(监理业绩、企业信誉、监理机构人员)评分标准:见评标办法前附表;

(3)监理服务报价评分标准:见评标办法前附表;

(4)其他因素评分标准:见评标办法前附表。

3. 评标程序

3.1 第一个信封初步评审

3.1.1 评标委员会可以要求投标人提交第二章"投标人须知"第 3.5.1 项至第 3.5.6 项规定的有关证明和证件的原件,以便核验。评标委员会依据本章第 2.1 款规定的标准对投标文件进行初步评审。有一项不符合评审标准的,评标委员会应当否决其投标①。

3.1.2 投标人有以下情形之一的,评标委员会应当否决其投标:

(1)第二章"投标人须知"第 1.4.3 项规定的任何一种情形的;

(2)《中华人民共和国招标投标法实施条例》(中华人民共和国国务院令第 613 号)规定的任何一种串通投标或弄虚作假或其他违法行为;

(3)不按评标委员会要求澄清、说明或补正的。

3.2 第一个信封详细评审

3.2.1 评标委员会按本章第 2.2 款规定的量化因素和分值进行打分,并计算出综合评估得分。

(1)按本章第 2.2.4(1)目规定的评审因素和分值对监理大纲计算出得分 A;

(2)按本章第 2.2.4(2)目规定的评审因素和分值对商务评审计算出得分 B;

(3)按本章第 2.2.4(4)目规定的评审因素和分值对其他部分计算出得分 D。

3.2.2 评分分值计算保留小数点后两位,小数点后第三位"四舍五入"。

3.2.3 投标人得分 $=A+B+D$。

---

① 通过第一个信封商务文件和技术文件评审的投标人少于 3 个的,评标委员会可以否决全部投标;未否决全部投标的,评标委员会应当在评标报告中阐明理由。

3.3 第二个信封开标

第一个信封(商务及技术文件)评审结束后,招标人将按照第二章“投标人须知”第5.1款规定的时间和地点对投标文件第二个信封(报价文件)进行开标。

3.4 第二个信封初步评审

3.4.1 评标委员会依据本章第2.1款规定的标准对投标文件第二个信封进行初步评审。有一项不符合评审标准的,作否决投标处理。

3.4.2 投标人有以下情形之一的,其投标文件作否决投标处理:

(1)第二章“投标人须知”第1.4.3项规定的任何一种情形;

(2)《中华人民共和国招标投标法实施条例》(中华人民共和国国务院令第613号)规定的任何一种串通投标或弄虚作假或其他违法行为;

(3)不按评标委员会要求澄清、说明或补正的。

3.4.3 投标报价有算术错误的,评标委员会按以下原则对投标报价进行修正,修正的价格经投标人书面确认后具有约束力。投标人不接受修正价格的,其投标作否决处理。

(1)投标文件中的大写金额与小写金额不一致的,以大写金额为准;

(2)总价金额与依据单价计算出的结果不一致的,以单价金额为准修正总价,但单价金额小数点有明显错误的除外;

(3)当单价与数量相乘不等于合价时,以单价计算为准,如果单价有明显的小数点位置差错,应以标出的合价为准,同时对单价予以修正;

(4)当各子目的合价累计不等于总价时,应以各子目合价累计数为准,修正总价。

3.4.4 修正后的最终投标报价若超过投标控制价(如有),投标人的投标文件作否决处理。

3.4.5 修正后的最终投标报价仅作为签订合同的一个依据,不参与评标价得分的计算。

3.5 第二个信封详细评审

3.5.1 评标委员会按本章第2.2.4(3)目规定的评审因素和分值对监理服务费报价计算出得分C。

3.5.2 评分分值计算保留小数点后两位,小数点后第三位“四舍五入”。

3.5.3 投标人第二个信封得分$=C$。

3.5.4 评标委员会发现投标人的报价明显低于其他投标报价,或者在设有标底时明显低于标底,使得其投标报价可能低于其成本的(建议评标委员会对投标报价低于投标控制价70%的投标人进行询标),应当要求该投标人作出说明并提供相应的证明材料。投标人不能合理说明或者不能提供相应证明材料的,由评标委员会认定该投标人以低于成本报价竞标,其投标作否决投标处理。

3.6 投标人综合得分

3.6.1 评标委员会计算出第一个信封得分和第二个信封得分后计算投标人综合得分。

3.6.2 投标人综合得分 = 第一个信封得分 + 第二个信封得分 = $A + B + C + D$。

3.6.3 评分分值计算保留小数点后两位,小数点后第三位“四舍五入”。

3.7 投标文件的澄清和补正

3.7.1 在评标过程中,评标委员会可以通过“电子交易平台”要求投标人对所提交投标文件中不明确的内容进行书面澄清或说明,或者对细微偏差进行补正。评标委员会不得暗示或者诱导投标人作出澄清、说明或补正。

3.7.2 澄清、说明和补正不得改变投标文件的实质性内容(算术性错误修正的除外)。投标人的书面澄清、说明和补正属于投标文件的组成部分。

3.7.3 评标委员会对投标人提交的澄清、说明或补正有疑问的,可以要求投标人进一步澄清、说明或补正,直至满足评标委员会的要求。

3.7.4 凡超出招标文件规定的或给发包人带来未曾要求的利益的变化、偏差或其他因素在评标时不予考虑。

3.8 评标结果

3.8.1 除第二章“投标人须知”前附表授权直接确定中标人外,评标委员会按照得分由高到低的顺序推荐中标候选人。

3.8.2 评标委员会完成评标后,应当向招标人提交书面评标报告。

第三章　评标办法(技术打分制的综合评估法)(适用非电子招标)

评标办法前附表

条款号		评审因素与评审标准
2.1.1 2.1.3	第一个信封形式评审与响应性评审标准	(1)投标文件第一个信封按照招标文件规定的格式、内容填写,字迹清晰可辨: a.投标函按招标文件规定填报了项目名称、补遗书编号、投标保证金金额、监理服务期、对第三方履约管理的服务目标及总监理工程师姓名、职称、监理资格证书编号; b.按照招标文件规定的格式、内容编制了监理大纲; c.投标文件组成齐全完整,内容均按规定填写,并按招标文件规定的形式装订; d.承诺书文字与招标文件规定一致,未进行修改和删减。 (2)投标文件第一个信封中法定代表人或其授权代理人的签字、投标人的单位章盖章齐全,符合招标文件规定: 投标函、资格审查资料须经投标人的法定代表人或其授权代理人逐页签字(本页正文内容已由投标人的法定代表人或其授权代理人签字的可不签署)并按格式要求加盖投标人单位章。 (3)投标人按照招标文件规定的金额、形式、时效和内容提供了投标保证金: a.投标保证金金额符合招标文件规定的金额; b.若采用电汇,投标人在投标人须知前附表规定的时间之前,将投标保证金由投标人的基本账户一次性汇入招标人指定账户; c.若采用银行保函,银行保函的格式、开具保函的银行、银行保函的有效期均满足招标文件要求,且银行保函原件装订在投标文件的正本之中。 (4)投标人法定代表人的授权代理人,需提交附有法定代表人身份证明的授权委托书,授权人和被授权人均在授权书上签名,未使用印章、签名章或其他电子制版签名。 (5)投标人法定代表人亲自签署投标文件的,应提供法定代表人身份证明,法定代表人在法定代表人身份证明上签名,未使用印章、签名章或其他电子制版签名。 (6)投标人是独家投标。(适用于不接受联合体投标) (6)投标人以联合体形式投标时,投标人按照招标文件提供的格式签订了联合体协议书,明确了联合体牵头人。(适用于接受联合体投标) (7)监理服务期、对第三方履约管理的服务目标满足招标文件要求。 (8)投标文件第一个信封未附有招标人不能接受的条件。 (9)投标人没有提出与招标文件中的合同条款相悖的要求:

续上表

条款号		评审因素与评审标准
2.1.1 2.1.3	第一个信封形式评审与响应性评审标准	a. 未重新划分风险,增加发包人责任范围,减少投标人义务; b. 在监理服务范围和内容、服务形式以及对合同条款无重要保留等; c. 投标人未提出不同的计量、支付办法; d. 投标人未对合同纠纷、质量事故处理办法提出异议; e. 投标人对合同条款没有重大偏离; f. 投标人在投标活动中无欺诈行为; g. 未提出不满足招标文件规定的其他实质性要求。 (10)人员、业绩、信誉证明材料真实。 (11)投标文件第一个信封未出现投标报价
2.1.2	第一个信封资格评审标准	(1)投标人具备有效的营业执照、资质证书和基本账户开户许可证。 (2)投标人的资质条件符合招标文件投标人须知附录 1 要求。 (3)投标人的业绩符合招标文件投标人须知附录 2 要求。 (4)投标人的主要人员资格符合招标文件投标人须知附录 3 要求。 (5)投标人的信誉要求符合招标文件投标人须知附录 4 要求
2.1.4	第二个信封初步评审标准	(1)投标文件第二个信封按照招标文件规定的格式、内容填写,字迹清晰可辨: a. 报价函按招标文件规定填报了项目名称、补遗书编号、投标价(含相应阶段监理服务费、其他费用),且投标人名称与第一个信封投标人名称一致; b. 监理服务费投标报价及其填报与招标文件规定一致,未进行修改和删减; c. 投标文件第二个信封组成齐全完整,并按招标文件规定的形式装订。 (2)投标文件第二个信封的报价函、监理服务费投标报价表(包括表 2.1、表 2.2、表 2.3、表 2.4)中的法定代表人或其授权代理人的签字、投标人的单位章盖章齐全、符合招标文件规定。 (3)在报价函上填写了投标总价(包括大写金额和小写金额),投标价不高于招标人公布的投标控制价,且报价唯一。 (4)投标文件第二个信封未附有招标人不能接受的条件

条款号	评 审 因 素	评 审 标 准
2.2.1	分值构成 (总分 100 分。监理大纲分值 40 分;监理机构人员分值 40 分,其中总监理工程师分值 20 分;监理业绩、信誉分值 10 分;监理服务费报价评审分值为 10 分)	1. 监理大纲评审:__40__分。 2. 商务评审: (1)监理业绩:__8.5__分。 (2)企业信誉:__1.5__分。 (3)监理机构人员:__40__分。 3. 监理服务费报价评审:__10__分。

续上表

条款号	评审因素	评审标准
2.2.1	分值构成 (总分100分。监理大纲分值40分;监理机构人员分值40分,其中总监理工程师分值20分;监理业绩、信誉分值10分;监理服务费报价评审分值为10分)	4.其他因素评审[①]: / 分。 评审要求: 商务评审由评标委员会统一打分;监理大纲评审则由各评委单独打分(得分以评标委员会各成员打分平均值确定,该平均值以去掉一个最高分和一个最低分后计算。打分值保留一位小数,计算结果保留两位小数)
2.2.2	评标基准价计算方法	若 $m \leqslant 3$,则直接计算 m 个投标人的评标价算术平均值; 若 $3 < m \leqslant 10$,则去除最低报价、次低报价和最高报价后,然后计算其余 $m-3$ 个投标人的评标价算术平均值; 若 $10 < m \leqslant 20$,则去除最低报价、次低报价、第三低报价、第四低报价、最高报价、次高报价后,然后计算其余 $m-6$ 个投标人的评标价算术平均值; 若 $20 < m \leqslant 30$,则去除最低报价、次低报价、第三低报价、第四低报价、第五低报价、第六低报价和最高报价、次高报价、第三高报价后,然后计算其余 $m-9$ 个投标人的评标价算术平均值; 若 $30 < m \leqslant 40$,则去除最低报价、次低报价、第三低报价、第四低报价、第五低报价、第六低报价、第七低报价、第八低报价、最高报价、次高报价、第三高报价、第四高报价后,然后计算其余 $m-12$ 个投标人的评标价算术平均值; 若 $m > 40$,依次类推计算。 注:m 为所有通过第一个信封初步评审、详细评审及第二个信封初步评审、详细评审的投标人数量。 评标基准价由评标委员会计算、复核并签字确认。除计算差错外,评标报告完成后的评标基准价在本次招标期间保持不变。计算差错,仅限于以下两种情况:①纯算术性四则运算差错;②未按约定的计算方法,多计或少计投标人报价。由于评标差错,导致否决投标错误,重新评标纠正等其他情况,不属于计算差错
2.2.3	监理服务费报价的偏差率计算公式	偏差率 = 100% ×(投标人监理服务费报价 - 评标基准价)/评标基准价

① 一般不作要求,用"/"表示。

续上表

<table>
<tr><th colspan="2">条款号</th><th>评 分 因 素</th><th>评 分 标 准</th></tr>
<tr><td rowspan="4">2.2.4
(1)</td><td rowspan="4">监理大纲评分标准</td><td>主要监理岗位的职责
(10 分)</td><td>各职能部门设置及其职责划分合理可行、具有针对性的,得 10 分;较好的,得 9.8 分;一般的,得 9.5 分</td></tr>
<tr><td>本工程监理工作重难点分析及对策
(10 分)</td><td>针对本合同工程难点分析透彻,工作重点把握准确的,得 10 分;较准确的,得 9.8 分;一般的,得 9.5 分</td></tr>
<tr><td>监理工作的程序与措施
(10 分)</td><td>针对本合同工程监理工作的程序与措施计划严谨措施得力的,得 10 分;计划可行措施较好的,得 9.8 分;计划和措施均一般的,得 9.5 分</td></tr>
<tr><td>对工程的建议
(10 分)</td><td>针对本合同工程的建议具有针对性的,得 10 分;较好的,得 9.8 分;一般的,得 9.5 分</td></tr>
</table>

<table>
<tr><th colspan="3">条款号</th><th>评 审 因 素</th><th>评 分 标 准</th></tr>
<tr><td rowspan="5">2.2.4
(2)</td><td rowspan="5">商务评审评分标准</td><td>监理业绩(8.5 分)</td><td colspan="2">满足招标文件资格审查最低要求的,得 8.5 分</td></tr>
<tr><td>企业信誉
(−2 ~ 1.5 分)</td><td colspan="2">AA 级:得 1.5 分;A 级:得 1 分;B 级:得 0 分;C 级:扣 1 分;D 级:扣 2 分(监理人信用等级以浙江省交通运输厅最新的监理企业信用评价结果为准,浙江省交通运输厅最新的监理企业信用评价结果未涉及的按 B 级计算)</td></tr>
<tr><td rowspan="3">总监理工程师
(20 分)</td><td>满足招标文件资格审查最低要求</td><td>满足招标文件资格审查最低要求的,得 18.48 分</td></tr>
<tr><td rowspan="2">个人信誉扣分
(−3.52 ~ 1.52 分)</td><td>根据交通运输部最新信用评价结果,监理工程师个人评价周期内累计扣分大于或等于 12 分但小于 18 分的,扣 1 分,累计扣分大于或等于 18 分但小于 24 分的,扣 2 分</td></tr>
<tr><td>浙江省交通运输厅公布的最近 3 年浙江省公路水运工程总监理工程师信用评价结果得分。
评价结果得分计算原则如下:
(1)评价结果得分 = $N_1 \times 1 + N_2 \times 0.6 + N_3 \times 0.3$;
(2)近 3 年(由近至远)信用评价等级得分分别为 N_1、N_2、N_3;</td></tr>
</table>

续上表

<table>
<tr><th colspan="4">条款号</th><th>评 审 因 素</th><th>评 分 标 准</th></tr>
<tr><td rowspan="5">2.2.4
(2)</td><td rowspan="5">商务评审评分标准</td><td colspan="2">总监理工程师
(20 分)</td><td>个人信誉扣分
(-3.52 ~ 1.52 分)</td><td>(3)总监理工程师的信用评价等级得分为:AA 级得 0.8 分;A 级得 0.5 分;B 级得 0 分;C 级得 -0.5 分;D 级得 -0.8 分;
(4)对于未参加总监理工程师信用评价的,按 B 级计算,其在浙江省交通建设市场参与投标时不加分也不扣分;
(5)加分奖励标准与总监理工程师岗位登记单位挂钩,对于总监理工程师岗位登记发生变更的,变更之前的一年的信用评价若为 AA、A 级的,每变更一次按降一级计算,若为 B 级及以下的,按原等级计算</td></tr>
<tr><td rowspan="4">其他主要监理人员
(20 分)</td><td rowspan="2">副总监理工程师
(____分)</td><td>满足招标文件资格审查最低要求</td><td>满足招标文件资格审查最低要求的,得____分</td></tr>
<tr><td>个人信誉扣分</td><td>根据交通运输部最新信用评价结果,监理工程师个人评价周期内累计扣分大于或等于 12 分但小于 18 分的,扣 1 分,累计扣分大于或等于 18 分但小于 24 分的,扣 2 分</td></tr>
<tr><td rowspan="2">专业监理工程师
(____分)</td><td>满足招标文件资格审查最低要求</td><td>满足招标文件资格审查最低要求的,得____分</td></tr>
<tr><td>个人信誉扣分</td><td>根据交通运输部最新信用评价结果,监理工程师个人评价周期内累计扣分大于或等于 12 分但小于 18 分的,每有 1 位扣 1 分,累计扣分大于或等于 18 分但小于 24 分的,每有 1 位扣 2 分,本项分扣完为止</td></tr>
</table>

续上表

条款号		评 审 因 素	评 审 标 准
2.2.4 (3)	监理服务费报价评分标准 (10 分)	偏差率: 监理服务费报价得分计算公式: (1)若投标人监理服务费报价 > 评标基准价,则监理服务费报价得分 = 10 − 偏差率 × 100 × E_1; (2)若投标人监理服务费报价 ≤ 评标基准价,则监理服务费报价得分 = 10 + 偏差率 × 100 × E_2	E_1 值为 0.5,E_2 值为 0.49(分值计算保留小数点后两位)
2.2.4 (4)	其他因素①		
需要补充的其他内容			
条款号		评审因素与评审标准	
1	评标方法	第 1 条细化为: 1.1 评标办法 限定时间:见投标人须知前附表 6.3 款	
3.5.4	第二个信封详细评审	评标委员会发现投标人的报价明显低于其他投标报价,或者在设有标底时明显低于标底,使得其投标报价可能低于其成本的(建议评标委员会对投标报价低于投标控制价 70% 的投标人进行询标),应当要求该投标人作出说明并提供相应的证明材料。投标人不能合理说明或者不能提供相应证明材料的,由评标委员会认定该投标人以低于成本报价竞标,其投标作否决投标处理	

① 一般不作要求,用"/"表示。

1. 评标方法及评审范围

1.1　评标方法

本次评标采用技术打分制的综合评估法。

评标委员会在本章第1.2款规定的评审范围,对满足招标文件实质性要求的投标文件,按第2.2款规定的评分标准进行打分,并按得分由高到低顺序推荐中标候选人,或根据招标人授权直接确定中标人,但投标报价低于其成本的除外。综合评分相等时,以投标报价低的优先;投标报价也相等的,以信用评价结果得分高的优先;投标报价和信用评价结果得分均相等的,以递交投标文件时间较前的投标人优先。若同一个投标人在两个标段的综合评分均为第一名时,取其评标价高的标段作为推荐中标候选人,其他标段中不再推荐。

凡评标委员会拟作出否决投标决定的,应先向投标人进行询问核实。未进行询问核实程序的,不得作出否决投标决定(投标人所留联系方式无法联系上、在限定时间内投标人不参加询问核实或未出具答复意见的除外)。

“评标办法”中规定的否决投标情形,由评标委员会审核并经过询标程序,其投标文件作否决处理。除此之外招标文件中其他条款均不得作为否决投标的依据。投标文件作否决投标处理的,应经评标委员会三分之二(含)以上成员认定。

评标委员会在评审结束前,发现第一个信封、第二个信封评审有误的,可予纠正。

1.2　评审范围

第一个信封的评审范围:所有投标人的投标文件第一个信封。

第二个信封的评审范围:通过投标文件第一个信封评审的所有投标人。

2. 评审标准

2.1　初步评审标准

2.1.1　第一个信封形式评审标准:见评标办法前附表。

2.1.2　第一个信封资格评审标准:见评标办法前附表。

2.1.3　第一个信封响应性评审标准:见评标办法前附表。

2.1.4　第二个信封初步评审标准:见评标办法前附表。

2.2　分值构成与评分标准

2.2.1　分值构成

(1)监理大纲:见评标办法前附表;

(2)商务评审(监理业绩、企业信誉、监理机构人员):见评标办法前附表;

(3)监理服务费报价评审:见评标办法前附表;

(4)其他因素评分标准:见评标办法前附表。

2.2.2　评标基准价计算

评标基准价计算方法:见评标办法前附表。

2.2.3　投标报价的偏差率计算

投标报价的偏差率计算公式:见评标办法前附表。

2.2.4　评分标准

(1)监理大纲评分标准:见评标办法前附表;

(2)商务评审(监理业绩、企业信誉、监理机构人员)评分标准:见评标办法前附表;

(3)监理服务报价评分标准:见评标办法前附表;

(4)其他因素评分标准:见评标办法前附表。

3. 评标程序

3.1　第一个信封初步评审

3.1.1　评标委员会可以要求投标人提交第二章"投标人须知"第 3.5.1 项至第 3.5.6 项规定的有关证明和证件的原件,以便核验。评标委员会依据本章第 2.1 款规定的标准对投标文件进行初步评审。有一项不符合评审标准的,评标委员会应当否决其投标[①]。

3.1.2　投标人有以下情形之一的,评标委员会应当否决其投标:

(1)第二章"投标人须知"第 1.4.3 项规定的任何一种情形的;

(2)《中华人民共和国招标投标法实施条例》(中华人民共和国国务院令第 613 号)规定的任何一种串通投标或弄虚作假或其他违法行为;

(3)不按评标委员会要求澄清、说明或补正的。

3.2　第一个信封详细评审

3.2.1　评标委员会按本章第 2.2 款规定的量化因素和分值进行打分,并计算出综合评估得分。

(1)按本章第 2.2.4(1)目规定的评审因素和分值对监理大纲计算出得分 A;

(2)按本章第 2.2.4(2)目规定的评审因素和分值对商务评审计算出得分 B;

(3)按本章第 2.2.4(4)目规定的评审因素和分值对其他部分计算出得分 D。

3.2.2　评分分值计算保留小数点后两位,小数点后第三位"四舍五入"。

3.2.3　投标人得分 $=A+B+D$。

① 通过第一个信封商务文件和技术文件评审的投标人少于 3 个的,评标委员会可以否决全部投标;未否决全部投标的,评标委员会应当在评标报告中阐明理由。

3.3　第二个信封开标

第一个信封(商务及技术文件)评审结束后,招标人将按照第二章“投标人须知”第5.1 款规定的时间和地点对投标文件第二个信封(报价文件)进行开标。

3.4　第二个信封初步评审

3.4.1　评标委员会依据本章第2.1 款规定的标准对投标文件第二个信封进行初步评审。有一项不符合评审标准的,作否决投标处理。

3.4.2　投标人有以下情形之一的,其投标文件作否决投标处理:

(1)第二章“投标人须知”第1.4.3 项规定的任何一种情形;

(2)《中华人民共和国招标投标法实施条例》(中华人民共和国国务院令第613 号)规定的任何一种串通投标或弄虚作假或其他违法行为;

(3)不按评标委员会要求澄清、说明或补正的。

3.4.3　投标报价有算术错误的,评标委员会按以下原则对投标报价进行修正,修正的价格经投标人书面确认后具有约束力。投标人不接受修正价格的,其投标作否决处理。

(1)投标文件中的大写金额与小写金额不一致的,以大写金额为准;

(2)总价金额与依据单价计算出的结果不一致的,以单价金额为准修正总价,但单价金额小数点有明显错误的除外;

(3)当单价与数量相乘不等于合价时,以单价计算为准,如果单价有明显的小数点位置差错,应以标出的合价为准,同时对单价予以修正;

(4)当各子目的合价累计不等于总价时,应以各子目合价累计数为准,修正总价。

3.4.4　修正后的最终投标报价若超过投标控制价(如有),投标人的投标文件作否决处理。

3.4.5　修正后的最终投标报价仅作为签订合同的一个依据,不参与评标价得分的计算。

3.5　第二个信封详细评审

3.5.1　评标委员会按本章第2.2.4(3)目规定的评审因素和分值对监理服务费报价计算出得分 C。

3.5.2　评分分值计算保留小数点后两位,小数点后第三位“四舍五入”。

3.5.3　投标人第二个信封得分 = C。

3.5.4　评标委员会发现投标人的报价明显低于其他投标报价,或者在设有标底时明显低于标底,使得其投标报价可能低于其成本的(建议评标委员会对投标报价低于投标控制价70%的投标人进行询标),应当要求该投标人作出说明并提供相应的证明材料。投标人不能合理说明或者不能提供相应证明材料的,由评标委员会认定该投标人以低于成本报价竞标,其投标作否决投标处理。

3.6 投标人综合得分

3.6.1 评标委员会计算出第一个信封得分和第二个信封得分后计算投标人综合得分。

3.6.2 投标人综合得分=第一个信封得分+第二个信封得分=$A+B+C+D$。

3.6.3 评分分值计算保留小数点后两位,小数点后第三位“四舍五入”。

3.7 投标文件的澄清和补正

3.7.1 在评标过程中,评标委员会可以书面形式要求投标人对所提交投标文件中不明确的内容进行书面澄清或说明,或者对细微偏差进行补正。评标委员会不得暗示或者诱导投标人作出澄清、说明或补正。

3.7.2 澄清、说明和补正不得改变投标文件的实质性内容(算术性错误修正的除外)。投标人的书面澄清、说明和补正属于投标文件的组成部分。

3.7.3 评标委员会对投标人提交的澄清、说明或补正有疑问的,可以要求投标人进一步澄清、说明或补正,直至满足评标委员会的要求。

3.7.4 凡超出招标文件规定的或给发包人带来未曾要求的利益的变化、偏差或其他因素在评标时不予考虑。

3.8 评标结果

3.8.1 除第二章“投标人须知”前附表授权直接确定中标人外,评标委员会按照得分由高到低的顺序推荐中标候选人。

3.8.2 评标委员会完成评标后,应当向招标人提交书面评标报告。

第四章　合同条款及格式

第四章　合同条款及格式

通用合同条款

招标人在编制招标文件时，对本通用合同条款不应进行任何改动，如果有不同要求应按照专用合同条款的编写原则在专用条款中进行修改、删除或补充。

1. 定义与解释

1.1 定义

本文用词定义如下,但根据上下文另有其意义的除外。

1.1.1 工程:为完成项目所实施的一项或若干项永久或临时工程(包括向发包人提供的物资和设备),具体情况在专用条款中指明。

1.1.2 服务:监理人根据监理合同所承担的工作,包括正常的服务、附加的服务、额外的服务,亦称监理服务。

1.1.3 发包人:委托监理人提供监理服务的法人或其合法继承人或其合法受让人。

1.1.4 监理人:受发包人委托提供监理服务并具有监理资质证书的法人或其合法继承人或其合法受让人。

1.1.5 监理机构:由监理人派出并代表监理人履行监理合同的现场监理组织。

1.1.6 一方:发包人或监理人。

双方:发包人和监理人。

第三方:一般是指与发包人签订工程承包合同的单位或个人。但根据上下文的内容,也可以是与工程建设有关的其他当事人。

1.1.7 监理合同:一般应包括监理合同协议书及附件、中标通知书、投标文件、专用合同条款、通用合同条款、工程专用规范、《公路工程施工监理规范》(JTG G10—2016)、技术规范、双方签认的澄清文件。

1.1.8 书面形式:指合同书、信件和数据电文(包括电报、电传、传真、电子数据交换和电子邮件)等可以有形地表现所载内容的形式。

1.1.9 日:即日历日。

1.1.10 月:根据公历从某一个月份中的任何一日的第二日开始至下一个月份相应日期截止的时间段。

1.1.11 正常监理服务:指在合同约定的期限内的工程范围和工作范围内的监理工作。

1.1.12 附加监理服务:指除正常监理服务范围以外的监理工作。

1.1.13 额外服务:指合同约定的正常监理服务和附加监理服务范围以外的工作。

1.2 解释

1.2.1 监理合同中条款的标题只是为了方便查阅,不应作为监理合同本身的内容予以理解,也不应将其用于对监理合同进行解释。

1.2.2 为了简练文字,监理合同中有些词句或用语可能会有多种含义,阅读时应视上下文的实际需要而定义。

1.2.3 组成监理合同的各个文件应该认为是一个整体,彼此相互解释,相互补充,

如出现相互矛盾的情况,以下述文件次序在先者为准:

1.2.3.1　监理合同协议书及附件。

1.2.3.2　中标通知书。

1.2.3.3　投标文件。

1.2.3.4　专用合同条款。

1.2.3.5　通用合同条款。

1.2.3.6　工程专用规范。

1.2.3.7　监理规范。

1.2.3.8　技术规范。

1.2.3.9　在本合同专用条款中约定的构成本合同组成部分的其他文件。

对于同一类合同文件,以其最新版本或最新颁发者为准。

2. 监理人的义务

2.1　监理服务的形式、范围与内容

2.1.1　服务形式

监理人应根据工程规模、难易程度、合同工期安排、现场条件等因素设置现场监理的组织机构并满足合同要求。发包人对监理人的机构设置要求在专用条款中约定。

2.1.2　服务范围

2.1.2.1　监理服务的工程范围:在专用条款中约定。

2.1.2.2　监理服务的工作范围:监理人应当按照合同要求和发包人的授权范围进行下述监理服务。

(1)正常监理服务的范围:除非专用条款另有约定,正常监理服务的范围是指在合同约定的工程范围内及约定的正常监理服务期限内,对工程进行质量监理、施工安全监理、施工环境保护监理、进度监理、费用监理、合同其他事项和文件资料管理等。

(2)附加监理服务的范围:包括但不限于:①由于非监理(含发包人或第三方责任)原因导致合同约定的监理服务期限延长,所延长的服务时间应视为附加监理服务;②发包人书面提出正常监理服务范围以外的监理服务要求,监理人完成此项服务应视为附加监理服务;③发包人书面提出监理合同约定的工作范围以外的监理工作,监理人完成此项工作应视为附加监理服务;④发包人书面提出高于监理合同约定的服务目标,监理人为完成此目标而增加的投入应视为附加监理服务。

(3)额外服务的范围:指正常监理服务和附加监理服务范围以外的工作,例如:①监理合同生效后,因非监理人原因导致监理人不能提供全部或部分服务时,其善后工作以及恢复服务的准备工作,应作为额外服务;②如果发包人以书面形式提出要求,监理人应提交变更服务的建议方案,该建议方案的编写和提交应视为额外服务;③非监理人原因导致全部监理服务已无法继续履行时,监理人在书面通知发包人28日之后,有权单方

面解除本监理合同,因此而增加的监理服务工作量应作为监理人的额外服务;④发包人将部分或全部外部协调工作委托监理人承担,因此而增加的工作应视为额外服务;⑤根据工程需要由监理人组织的相关咨询论证会以及聘请相关专家等工作,应视为额外服务。

2.1.3 服务目标

2.1.3.1 监理服务履约目标:除专用条款另有约定外,监理人提供的监理服务,应当符合国家有关法律、法规和标准规范,满足合同约定的服务内容和质量等要求。

2.1.3.2 对第三方履约管理的服务目标:在专用条款中约定。

2.1.4 服务内容

监理人应按照《公路工程施工监理规范》(JTG G10—2016)及相关法律、法规开展监理服务。发包人须依据《公路工程施工监理规范》(JTG G10—2016)要求对监理机构的设置方式进行选择,并在专用条款中予以约定。各阶段监理服务内容包括但不限于以下内容,发包人可根据工程实际情况在专用条款中对其进行调整。

2.1.4.1 在工程设置二级监理机构,即总监理工程师办公室(简称总监办)和驻地监理工程师办公室(简称驻地办)时,总监理工程师办公室的监理服务内容为:

(1)总监办中心试验室按监理合同要求配备常规的试验检测设备,并须达到专用条款中约定的检查项目及频率要求;

(2)熟悉合同文件,调查施工环境条件;

(3)在合同约定的期限内主持编制监理计划;

(4)审批各驻地办主持编制的监理细则;

(5)参加设计交底;

(6)在合同约定的期限内审批承包人提交的施工组织设计(含安全技术措施、应急救援抢险方案、专项施工方案及施工环境保护措施);

(7)审批承包人提交的总体进度计划,核批承包人对总体进度计划的调整计划;

(8)签发开工预付款支付证书;

(9)审批承包人提交的分项、分部、单位工程划分;

(10)检查承包人的质量、安全和环保等保证体系,审核工地试验室,抽查控制桩点复测、测定地面线和工程划分及驻地办工作;

(11)主持召开监理交底会;

(12)主持召开第一次工地会议;

(13)签发合同工程开工令;

(14)审批重要工程材料及混合料配合比;

(15)审核工程中期支付申请,签发中期支付证书;

(16)签发单位工程或合同工程的暂停令和复工令;

(17)受理合同其他事项的有关事宜,按合同约定审核、评估和处理工程变更、工程延期、费用索赔、价格调整、保险、违约、争端等合同事项;

(18)组织编写监理月报；

(19)根据工程需要主持召开专题工地会议；

(20)对发生的质量缺陷、质量隐患和质量事故进行调查、处理或督促承包人按规定报告有关部门；

(21)协助发包人审查交工验收申请,评定工程质量；

(22)参加发包人组织的合同工程交工验收；

(23)编写监理工作报告,并提交发包人；

(24)签认交工结账证书；

(25)组织编制工程监理竣工文件,并督促承包人按合同约定编制和整理竣工资料；

(26)在合同工程的缺陷责任期内,检查承包人剩余工程的实施;巡视检查已完工程,指示承包人修复发生的工程缺陷,调查、确认缺陷责任及修复费用；

(27)缺陷责任期结束,经检查符合条件时,签发合同工程缺陷责任终止证书；

(28)签认最后支付证书；

(29)参加工程竣工验收。

2.1.4.2　在工程设置二级监理机构,即总监办和驻地办时,驻地监理工程师办公室的监理服务内容为：

(1)按合同要求建立驻地试验室,配备现场抽查常用的试验检测设备,并在专用条款中明确检查项目和频率的要求；

(2)熟悉合同文件,调查施工环境条件；

(3)在总监办的安排下,参与编制监理计划,提供本驻地办相关资料；

(4)根据监理计划在相应工程开工前主持编制监理细则；

(5)参加设计交底；

(6)按规定程序初审本驻地监理合同承包人提交的施工组织设计(含安全技术措施、应急救援抢险方案、专项施工方案及施工环境保护措施)；

(7)初审本驻地监理合同承包人提交的总体进度计划以及施工中进行的调整计划；

(8)对承包人提交的原始基准点、基准线和基准高程的复测结果进行平行复测,审核后予以批复；

(9)验收承包人测定的地面线；

(10)确认承包人提交的场地占用计划；

(11)核算承包人对工程量清单的复核结果；

(12)按合同约定对工程分包计划和协议进行审查,审查分包合同中是否明确了承包人与分包人各自在安全生产方面的责任；

(13)审批施工测量放线；

(14)审批一般工程原材料和混合料配合比；

(15)审查施工组织及人员配备；

(16)审查承包人进场的施工机械设备；

(17)审查承包人提交的分项、分部工程的施工方案及主要工艺;

(18)审批承包人月进度计划,检查和监督进度计划的实施;

(19)审批分项(部)工程的开工申请,签发分项、分部工程暂停令和复工令;

(20)验收构配件或设备;

(21)按有关规定和要求对工程进行巡视、旁站和抽检,并做好记录;

(22)对关键工序进行签认;

(23)对发生的质量缺陷、质量隐患和质量事故进行调查、处理或对不属于监理人权限处理的质量事故督促承包人按规定报告有关部门;

(24)对交工的单位、分部、分项工程进行检验和质量等级评定并签发《中间交工证书》;

(25)对已完工程按合同约定的方法进行计量;

(26)按有关规定及时对已完分部工程、单位工程及合同工程进行质量评定;

(27)编写本驻地监理合同的监理月报;

(28)主持召开工地会议和根据工程需要主持召开专题工地会议;

(29)编制合同段监理竣工文件;

(30)编写本驻地监理合同的监理工作报告;

(31)参加本驻地监理合同工程的交工验收;

(32)初审交工结账证书。

2.1.4.3 在工程只设置总监办一级监理机构时,其监理服务内容为:

(1)按监理合同要求建立总监办中心试验室;

(2)熟悉合同文件,调查施工环境条件;

(3)在合同约定的期限内编制监理计划,根据监理计划在相应工程开工前编制监理细则;

(4)在合同约定的期限内审批承包人提交的施工组织设计(含安全技术措施、应急救援抢险方案、专项施工方案及施工环境保护措施);

(5)参加设计交底;

(6)审批承包人提交的总体进度计划,核批承包人对总体进度计划的调整计划;

(7)检查承包人工程质量、施工安全和施工环境保护等保证体系;

(8)审核承包人的工地试验室;

(9)对承包人提交的原始基准点、基准线和基准高程的复测结果进行平行复测,审核后予以批复;

(10)验收承包人测定的地面线;

(11)审批承包人提交的分项、分部、单位工程划分;

(12)确认承包人提交的场地占用计划;

(13)核算承包人对工程量清单的复核结果;

(14)签发开工预付款支付证书;

(15)主持召开监理交底会；

(16)主持召开第一次工地会议；

(17)签发合同工程开工令；

(18)按合同约定对工程分包计划和协议进行审查,并审查分包合同中是否明确了承包人与分包单位各自在安全生产方面的责任；

(19)审批施工测量放线；

(20)审批工程原材料及混合料配合比；

(21)审查施工组织及人员配备；

(22)审查承包人进场的施工机械设备；

(23)审查承包人提交的分项、分部工程的施工方案及主要工艺；

(24)审批承包人月进度计划,检查和监督进度计划的实施；

(25)审批分项(分部)工程的开工申请；

(26)验收构配件或设备；

(27)按有关规定和要求对工程进行巡视、旁站和抽检,并做好记录；

(28)对关键工序进行签认；

(29)对发生的质量缺陷、质量隐患和质量事故进行调查、处理或对不属于监理人权限处理的质量事故督促承包人按规定报告有关部门；

(30)签发单位或合同工程及分部(分项)工程的暂停令和复工令；

(31)对交工的单位、分部、分项工程进行检验和质量等级评定并签发《中间交工证书》；

(32)对已完工程按合同约定的方法进行计量；

(33)审核工程中期支付申请,签发中期支付证书；

(34)按有关规定及时对已完分部工程、单位工程及合同工程进行质量评定；

(35)受理合同其他事项的有关事宜,按合同约定审核、评估和处理工程变更、延期、费用索赔、价格调整、保险、违约、争端等合同事项；

(36)组织编写监理月报；

(37)主持召开工地例会或根据工程需要主持召开专题工地会议；

(38)协助发包人审查交工验收申请,评定工程质量；

(39)参加发包人组织的合同工程交工验收；

(40)编写监理工作报告,并提交发包人；

(41)签认交工结账证书；

(42)组织编制工程监理竣工文件,并督促承包人按合同约定编制和整理竣工资料；

(43)在合同工程的缺陷责任期内,检查承包人剩余工程的实施;巡视检查已完工程,指示承包人修复发生的工程缺陷,调查、确认缺陷责任及修复费用；

(44)缺陷责任期结束,经检查符合条件时,签发合同工程缺陷责任终止证书；

(45)签认最后支付证书；

(46)参加工程竣工验收。

2.1.5 发包人对监理人的授权

监理人根据监理合同进行监理服务时,在发包人授权权限范围内开展工作。授权权限在专用条款中约定。

2.2 监理服务的依据

2.2.1 适用的法律、法规、规章。

2.2.2 国家和行业有关标准、规范、规程。

2.2.3 监理合同。

2.2.4 施工合同。

2.2.5 工程前期有关文件。

2.2.6 工程设计文件和图纸。

2.2.7 工程实施过程中有关的函件。

2.3 监理职责

2.3.1 监理人应本着"严格监理、优质服务、公正科学、廉洁自律"的原则,按照监理合同及相关法律、法规的要求,严格、严密、科学、公正地进行监理服务。

2.3.2 如果监理人在监理服务过程中行使的权力或所需的授权,来自于发包人和第三方签订的工程合同文件,该合同文件必须成为本监理合同的组成部分,两者之间如出现矛盾,则应编制补充说明文件一并列入监理合同。此时监理人应:

(1)根据监理合同文件和工程合同文件进行监理服务;

(2)根据职责范围,在发包人和第三方之间独立公正地行使上述合同文件赋予的权力;

(3)根据上述合同文件的授权,可对相应的工程和合同事宜进行变更,但未经发包人的书面批准,不得变更工程合同文件中约定的工程标准和第三方的责任与义务。

2.4 监理人员

2.4.1 监理人派驻到工程所在地进行监理服务的监理人员,应能够胜任监理合同约定的监理服务工作,监理人配备的重要监理岗位人员职称、专业、年龄、资格、资历、业绩、数量等须满足招标文件的要求和《公路工程施工监理规范》(JTG G10—2016)的规定,除非专用条款另有约定。

2.4.2 为了进行监理服务,监理人应在投标文件中授权总监理工程师代表监理人全面履行监理合同;与发包人的授权代表建立工作联系。更换或变更其授权时,必须提前7日通知发包人,并得到发包人的同意。

2.4.3 监理人因工作安排或其他原因,需要更换派驻到工程所在地的重要岗位监理人员时,应事先得到发包人的同意。

2.4.4 即使是发包人要求或同意更换的监理人员,其代替人员的资质不得低于被代替人员且应得到发包人的认可。

2.4.5 发包人有权以书面形式要求监理人更换不能按照监理合同的约定进行监理服务的派驻人员。

2.4.6 监理人派驻到工程所在地进行监理服务的总监理工程师及重要岗位监理人员,必须常驻现场。

2.5 保密

在监理合同有效期间及以后3年内,未经发包人的书面同意,监理人不得泄露发包人与本项目、本工程、本监理合同有关的保密资料。但专用条款另有约定的除外。

3. 发包人的义务

3.1 监理工作条件

发包人应按照监理合同约定向监理人提供履行监理服务所必需的工作条件。

3.2 文件和资料

发包人在监理合同生效之日起,且在取得相关文件、资料7日内,向监理人免费提供下述文件、资料:

3.2.1 发包人与承包人签订的施工合同1份。

3.2.2 发包人与承包人共同确认的已标价的工程数量清单及其说明1份。

3.2.3 合同图纸和相关的标准图纸及说明1套。

3.2.4 合同指定使用的技术规范、检验评定标准、操作规程1套。

3.2.5 其他。

3.3 协助

发包人在工程所在地对监理人提供进驻现场的相关条件,解决非监理人原因而发生意外事件时,监理工作人员的撤场和相关事宜;并避免监理人根据监理合同进行监理服务而导致的第三方的收费(不含税金)。

3.4 决定

发包人根据监理人有关针对本工程的工期、质量、投资、合约和安全等问题的请示及时予以决定。对上述请示给予书面答复的期限,自收到书面请示之日起最长不超过7日,重大问题不得超过28日。逾期未予书面答复应视为发包人同意。

3.5 代表

发包人应指定一名授权代表,与监理人的授权代表建立工作联系。更换该代表或变更其授权时,必须提前7日通知监理人。

3.6 授权通知

发包人必须将履行监理服务的监理人及发包人授予监理人的权力,及时用书面形式通知第三方。

3.7 支付费用

发包人须按合同约定向监理人支付监理服务费用。

3.8 发包人指令的下达

发包人在本合同约定的服务范围内对承包人的任何意见或要求,应通过监理人向承包人提出。

3.9 支付担保

发包人要求监理人提供履约保证金或其他形式履约担保的,应同时向监理人提供支付担保。

4. 责任和保障

4.1 监理人的违约及赔偿责任

4.1.1 监理人的违约

4.1.1.1 监理人违反监理合同的约定,将监理服务的任何部分转让或分包。

4.1.1.2 监理人未能按照投标文件的承诺配备满足监理服务需求的人员或设备。

4.1.1.3 监理人不履行监理职责,造成工程质量、安全事故或向承包人索贿、谋取私利,或与承包人串通损害发包人利益,给发包人造成损失。

4.1.1.4 监理人未按《公路工程施工监理规范》(JTG G10—2016)的规定对主要工程或关键工序进行旁站、巡视或抽检。

4.1.1.5 违反合同专用条款约定的其他情形。

发包人应视其违约情节分别采取以下处理方法:

监理人违反上述约定应承担违约责任,发包人有权向监理人发出书面通知要求其限期改正。当发包人在向监理人发出书面通知的 14 日内未见纠正后,可以向监理人课以专用条款中约定的违约金,并可在 21 日内发出第二次通知终止合同。在 4.1.1.1 目或 4.1.1.3 目情形时,发包人可直接发出书面通知立即终止合同。

4.1.2 监理人的违约赔偿责任

监理人违反监理合同的约定并造成发包人的经济损失,应向发包人赔偿,除非专用条款另有约定,赔偿金应按下式计算:

赔偿金 = 发包人直接经济损失所对应的监理费 × 监理人应承担责任的比例

监理人对由于第三方责任造成的任何经济损失,不承担责任。如果监理人与发包人或第三方对有关经济损失共负责任时，应按责任比例计算赔偿。监理人的上述责任赔偿，均应按照本合同条款第 4.4 款的约定办理。

4.1.3　监理人对发包人未授权的监理服务范围不承担监理责任。

4.2　发包人的违约和赔偿责任

4.2.1　发包人的违约

4.2.1.1　发包人在合同约定的期限内，未向监理人支付到期应付的款项。

4.2.1.2　发包人未按合同约定履行其他应尽义务。

发包人违反上述约定应承担违约责任，并按相关合同条款约定承担相应的费用。

4.2.2　发包人的赔偿责任

发包人违反监理合同的约定并造成监理人的经济损失，应向监理人赔偿，除非专用条款另有约定，发包人应据实赔偿监理人的直接经济损失。

4.3　赔偿责任的期限

发包人或监理人任何一方向另一方要求的赔偿，都应在赔偿事件发生后的 28 日之内以书面形式提出索赔。如果该事件具有持续性，则应在事件首次发生后 7 日之内提出索赔意向，并每隔 7 日提供一次该事件仍在持续发展的证明材料，直至该事件结束后 28 日之内提出正式的索赔文件。无论是发包人还是监理人，逾期未提出书面索赔意向书，则失去索赔权利。

4.4　赔偿的限额

鉴于双方在本条款中，约定了任何一方向另一方依据本合同条款第 4.1 款和第 4.2 款支付赔偿的最高限额，除非专用条款另行约定，双方在此一致同意放弃超过该限额的剩余赔偿要求。但本合同条款其他条款约定的补偿和由于任何一方故意违约而引起的索赔，不受该限额的限制。

监理人的累计赔偿限额为监理服务费总额的 30%，当达到此限额时，发包人有权单方面终止监理合同，没收监理人的履约担保。

发包人赔偿监理人的直接经济损失的累计限额为监理服务费总额。

4.5　保障

4.5.1　在监理人不违反有关法律、法规的前提下，发包人应保障监理人免受因履行本监理合同而引起的外界索赔或干扰。

4.5.2　监理人在签订监理合同协议书时，应按照发包人认可的形式向发包人递交履约保函或履约保证金。如果监理人无正当理由全部或部分不履行本监理合同时，发包人有权根据具体情况没收全部或部分履约担保。发包人应当同时向监理人提供监理服务费支付担保。

4.5.3　在签发合同工程交工证书后，监理人应按发包人要求的格式，以履约担保金额的 50% 为额度向发包人提交缺陷责任期保函。发包人在收到监理人提交的缺陷责任期保函后 7 日内向监理人返还履约担保。在签发工程缺陷责任终止证书后 14 日内,发包人向监理人返还缺陷责任期保函。

4.6 保险

监理人应在监理服务期内,自费办理派驻到工程所在地人员的人身和自备财产的有关保险,保险时间应随服务时间的延长而顺延,并在出险后自行办理索赔。如果监理人不办理上述保险,则应对有关风险及后果自负其责。

5. 监理合同的生效、终止、变更、暂停与解除

5.1 监理合同协议书的生效

监理合同协议书生效的时间,以双方签署的协议书上约定的时间为准。

5.2 监理服务的时间和期限

监理人必须按照监理合同约定的时间和有关期限履行和完成监理服务。如果非监理人的原因,致使监理服务时间需要延长,可由双方通过协商,另行签订补充协议。

5.3 监理合同的终止

监理合同终止和失效的时间,按双方签署的协议书上注明的方式确定。合同协议的终止并不影响双方应有的权利和应承担的责任。

5.4 监理合同的变更

5.4.1 任何一方提出申请并经双方书面同意后,可对本监理合同进行变更。

5.4.2 发包人可书面要求,改变本合同条款第 2.1 款和监理合同约定的监理服务的形式、范围与内容,但必须在双方协商一致的基础上,按照本监理合同的约定进行变更。上述变更导致增加或减少的监理服务工作量,其有关的监理费用和服务时间也应做相应的调整。

5.4.3 因发包人或第三方的责任,阻碍或延误了监理人履行监理服务,监理人应及时将该情况与其可能产生的影响书面通知发包人,如有必要,在双方协商一致的基础上对监理合同进行相应的变更。上述情况导致增加的监理服务工作量或工作时间,其费用按合同条款约定进行调整,监理人完成相应服务的时间也应予以延长。

5.4.4 在签订本监理合同后,因物价变动等因素而引起监理服务费用的变化,发包人应按合同条款约定进行调整,专用条款另有约定的除外。

5.4.5 在签订本监理合同后,因国家或地方政府的法律、法规变动而引起监理服务费用的增加或服务时间的延长,发包人应按合同条款约定进行调整。

5.5　监理合同的暂停与解除

5.5.1　出现根据本监理合同的约定不应由监理人负责的情况，且该情况已使监理人不能继续履行全部或部分监理服务时，监理人应立即书面通知发包人。并且：

5.5.1.1　不得不暂停或减缓某些监理服务时，则上述服务的完成期限应予以延长，因此而增加的监理服务工作量或延长的服务时间，发包人应按合同条款约定进行调整。

5.5.1.2　全部监理服务已无法继续履行时，监理人在书面通知发包人 28 日之后，有权单方面解除本监理合同，因此增加的监理服务工作量所涉及费用，发包人应按合同条款约定进行调整，同时应及时向监理人返还全部或剩余部分的履约担保。

5.5.1.3　因不可抗力致使本监理合同不能履行或只能部分履行时，一方应立即书面通知另一方，暂停或解除监理合同。双方应对由此而产生的任何损失、损害或延误各负其责。不可抗力是指监理人和发包人在订立合同时不可预见，在工程实施过程中不可避免发生并不能克服的自然灾害和社会性突发事件，如地震、海啸、瘟疫、水灾、暴动、战争和专用条款约定的其他情形。

5.5.2　发包人要求监理人全部或部分暂停监理服务或解除本监理合同时，必须在 56 日之前发出书面通知。监理人在接到通知后，应立即安排停止全部或该部分监理服务并将相关费用开支减至最小。因此增加的监理服务工作量所涉及的费用，发包人应按合同条款约定进行调整，同时及时向监理人返还全部或剩余部分的履约担保。

5.5.3　监理人无正当的理由，未根据监理合同的约定履行全部或部分监理服务，发包人可书面要求监理人予以解释。若监理人在 28 日内未能根据本监理合同给予合理的答复，发包人可在进一步发出书面通知 14 日后，单方面解除本监理合同，并视情况没收监理人的全部或部分履约担保。

5.5.4　发包人拖延支付监理服务费用，并已超过合同条款约定支付期限后 28 日，或根据本合同条款第 5.5.1.1 目或第 5.5.2 项的约定，暂停监理服务已超过 6 个月，监理人可书面要求发包人予以解释。若发包人在 28 日内未能根据本监理合同给予合理的答复，监理人可在进一步发出书面通知 14 日后，单方面解除本监理合同或自行暂停全部或部分监理服务。因此增加的监理服务工作量所涉及的费用，发包人应按合同条款约定进行调整，同时应及时向监理人返还全部或剩余部分的履约担保。

5.5.5　监理合同的解除，不得损害或影响双方根据本监理合同应有的义务、责任、权力和利益。

5.6　转让和分包

5.6.1　监理人不得转让工程监理业务。

5.6.2　监理人不得将监理服务的任何部分分包。监理人因监理服务的需要，聘用专业技术人员和辅助工作人员不属于分包。

6. 监理服务的费用与支付

6.1 监理服务费用内容

监理人服务费用应包括如下内容:

6.1.1 派驻监理人员费用

6.1.1.1 基本工资。

6.1.1.2 工资性津贴。

6.1.1.3 职工福利费。

6.1.1.4 劳动保护费。

6.1.1.5 其他。

6.1.2 现场费用

6.1.2.1 临时设施费。

6.1.2.2 办公费。

6.1.2.3 会议费。

6.1.2.4 差旅交通费

6.1.2.5 固定资产使用费(包括办公及生活房屋折旧、维修或租赁费,车辆折旧、维修、使用或租赁费)。

6.1.2.6 通信设备购置、使用费。

6.1.2.7 测量、试验、检测设备仪器折旧、维修或租赁费,其他设备折旧、维修或租赁费等。

6.1.2.8 零星固定资产购置费。

6.1.2.9 其他。

6.1.3 企业管理费

6.1.3.1 工会经费。

6.1.3.2 职工教育经费。

6.1.3.3 业务招待费。

6.1.3.4 财务费用。

6.1.3.5 社会保险费用(基本养老、基本医疗、失业、工伤保险)。

6.1.3.6 住房公积金。

6.1.3.7 其他。

6.1.4 利润和税金

6.2 监理服务费计费方法

监理服务费用由正常监理服务、附加监理服务和额外服务三个方面的监理费用组成。

6.2.1　正常监理服务的费用

正常监理服务费用为施工准备阶段、施工阶段、交工验收与缺陷责任期阶段的监理服务全部费用。正常监理服务费用中施工阶段监理服务费应依照监理工程的建筑安装工程费，按照《建设工程监理与相关服务收费管理规定》（发改价格〔2007〕670 号）计算；除专用条款另有约定外，交工验收与缺陷责任期阶段监理服务费应依照《建设工程监理与相关服务人员人工日费用标准》（发改价格〔2007〕670 号）规定的收费标准计算，服务时间应按实际发生的工日数计算。

6.2.2　附加监理服务的费用

附加监理服务费用应按下列方法之一计算，具体方法的选用在专用条款中约定：

6.2.2.1　附加工程工作量 × 中标时施工阶段监理服务费与计费额比值的折算系数。

6.2.2.2　附加服务工作日数 × 中标时施工阶段监理服务人月平均费用与法规规定每月工作日数的比值。

6.2.2.3　提供的服务目标变化：服务目标变化部分所对应的监理服务费 × 大于 1 的调整系数。

6.2.3　额外服务的费用

额外服务费用应按下列方法之一计算，具体方法的选用在专用条款中约定：

6.2.3.1　额外工作工作量 × 中标时施工阶段监理服务费与计费额比值的折算系数。

6.2.3.2　额外服务工作日数 × 中标时施工阶段监理服务人月平均费用与法规规定每月工作日数的比值。

6.2.4　监理服务费的调整

因增加附加监理服务、额外服务或工程概算变化时，监理服务费用应进行调整。附加监理服务费用应按第 6.2.2 项约定进行调整，额外服务费用应按第 6.2.3 项约定予以调整。工程概算变化时，施工阶段监理服务费用应依据《建设工程监理与相关服务收费管理规定》（发改价格〔2007〕670 号），以变更后投资额所对应的基价，按中标时监理人所报专业调整系数、工程复杂程度调整系数、高程调整系数及浮动幅度值进行计算调整。

6.2.5　加班费指法定节、假日加班和法定工作时间以外的延时工作的费用，应按《中华人民共和国劳动合同法》的相关规定计算费用。

6.3　支付

6.3.1　动员预付费

为使监理服务能够及时开展，发包人应在监理合同签订后 7 日内按监理服务费总额的 10% 向监理人支付动员预付款，但专用条款另有约定的除外。

6.3.2　履约担保

6.3.2.1　履约担保的提交和返还按照第二章“投标人须知”第 7.3 款和监理合同

通用条款第4.5.2项、第4.5.3项执行。

6.3.2.2 发包人没收监理人的全部或部分履约担保时,不影响监理人根据监理合同应当得到的其他款项的支付。

6.3.3 违约金和赔偿金

6.3.3.1 根据监理合同通用条款第4.1款确定的监理人对发包人的违约金和赔偿金,由发包人从对监理人的日常支付中扣回。

6.3.3.2 根据监理合同通用条款第4.2款确定的发包人对监理人的赔偿金,应由发包人在日常支付中向监理人支付。

6.3.4 支付担保

6.3.4.1 发包人为履行合同约定的支付义务,在签订合同时,按专用条款约定的金额办理支付担保,并将此担保交给监理人。

6.3.4.2 支付担保的开具机构应与履约担保开具机构相同级别。除非在专用条款另有约定,执行本条款所发生的费用应由发包人承担。

6.3.4.3 支付担保的有效期应至发包人按照合同条款第6.3.7项约定完全履行其支付义务之日止。

6.3.5 支付方式与支付内容

6.3.5.1 发包人采用总价平均、分期支付的方式按月向监理人支付监理服务费。监理人于每月7日前将上月监理服务费支付申请上报发包人,发包人应在收到监理支付申请后7日内予以审批,在批复后14日内向监理人支付监理服务费。

(1)除非专用条款另有约定,施工阶段监理服务费在合同约定的正常施工阶段期限内按月平均支付;

(2)附加监理服务、额外服务费用经双方协商确认后,在附加监理服务或额外服务所对应工作期限内按月平均支付或按双方所签订补充协议约定的支付方式进行支付;

(3)基于工程概算变化而导致的监理服务费调整后费用,其增加或减少的费用经双方协商确认后于当月至施工阶段结束期限内按月平均支付或按双方所签订补充协议约定的支付方式进行支付;

(4)依据合同条款第4.1款约定对监理人的违约金和赔偿金扣额,发包人应从当期对监理人的支付费用中一次性扣回;

(5)依据合同条款第4.2款约定发包人对监理人的赔偿金,应于协商确定后在对监理人当期支付费用中一次性支付;

(6)依据合同条款第7.3款约定对监理人的奖励,发包人应于对监理人的当期支付费用中一次性支付。

6.3.5.2 监理人应于每月7日前将上月加班费上报发包人审批,发包人应于收到后7日内批复并与监理服务费一同支付。

6.3.5.3 交工验收与缺陷责任期阶段内,监理人依据合同条款第6.2.1项的约定,于每月7日前将上月交工验收与缺陷责任期阶段监理服务费支付申请上报发包人,发包人在收到监理支付申请后 7 日内予以审批,在批复后 14 日内向监理人支付监理服务费。

6.3.6　动员预付款的扣回

动员预付款在施工阶段监理服务费支付的累计金额达到“中标监理服务费总价”的 30% 时开始抵扣,全部动员预付款应在施工阶段监理服务费累计支付到“中标监理服务费总价”的 80% 时扣完。

6.3.7　结算

6.3.7.1　在施工阶段监理服务工作结束后 7 日内,监理人应将至交工证书申请之日前实际发生的监理服务费用,扣减动员预付款和监理人赔偿金后余额的支付申请上报至发包人,发包人应在收到该支付申请后 7 日内予以审批,在批复后 14 日内向监理人支付费用。监理人在提交支付申请的同时应按发包人要求的格式,以履约担保额的 50% 为额度向发包人提交缺陷责任期保函,发包人在收到监理人提交的缺陷责任期保函后 7 日内向监理人返还履约担保。

6.3.7.2　在签发工程缺陷责任终止证书后 7 日内,监理人应将工程缺陷责任期内未结清的监理服务费用和其他应由发包人向监理人支付的剩余款项,扣减其他应由发包人从监理人扣回的款项的支付申请上报至发包人,发包人应在收到该支付申请后 7 日内予以审批,在批复后 14 日内向监理人支付费用,同时发包人向监理人返还缺陷责任期保函。

6.3.8　监理服务费用的支付期限

发包人在收到监理人提交的书面支付申请后,应按上述条款约定的支付期限内支付监理服务费用。发包人在约定的期限内,未向监理人支付到期应付的款项,应承担违约责任,并支付逾期付款违约金,逾期付款的违约金以到期应付而未付的款项,按照同期银行贷款利率计算相应的利息,时间自未付款项的应付之日起算。该逾期付款违约金的支付不影响本合同条款第 5.5.4 项约定的监理人的权力。

6.3.9　支付争议

发包人对监理人要求支付的款项中的任何部分有异议,应在收到监理人提交的书面支付申请 7 日内发出书面通知说明理由,但不得借此延误对监理人其他应得款项的支付。本合同条款第 6.2.1 项的约定,适用于最终支付给监理人的一切曾经有过争议的款项。

6.4　货币

除专用条款另有约定外,发包人支付监理人旅行监理服务的费用一律采用人民币付。涉及外币支付的,其货币种类、比例和汇率等事宜,在专用条款中约定。

7. 其他

7.1　合同双方的关系

合同双方互为权利和义务主体,双方应遵循平等互利、协商一致的原则履行本监理合同。发包人和监理人均应按照监理合同公正地行使权力和全面履行自己的职责。

7.2 语言和法律

7.2.1 除专用术语外,本监理合同使用的语言文字为中文。必要时专用术语应附有中文注释。

7.2.2 适用于本监理合同的法律包括中华人民共和国法律、行政法规、部门规章以及工程所在地的地方法规、自治条例、单行条例和地方政府规章。

7.3 奖励

监理人提出的合理化建议缩短了工期、降低工程造价或产生经济效益,发包人可按国家有关规定在专用条款中约定给予奖励。

7.4 利益矛盾

未经发包人书面同意,监理人不得获取本监理合同约定以外的与本工程有关的任何利益,不得参与与本监理合同约定的发包人利益相冲突的任何活动。

7.5 版权

7.5.1 对监理人拥有版权并已用于本监理服务中的所有文件,发包人有权在本合同工程中使用或复制。但未经监理人的同意,发包人不得将上述文件直接或间接用于其他项目、工程或服务之中。

7.5.2 如果在专用条款中没有另外约定,则监理人有权出版与本项目或本工程监理服务有关的资料。但未经发包人同意,上述出版物中不得涉及发包人的专利、专有技术以及经济情报。

7.6 通知

本监理合同涉及的通知均为书面形式,在送达协议书中注明的地址并由收受方签收后生效。无论发送方采用何种方式递送通知,收受方都应用书面回执确认。

8. 争端的解决

双方在履行本监理合同过程中发生争端时,应本着友好协商的原则解决问题,或通过上级主管部门进行调解。若经过协商或调解仍不能达成一致时,任何一方均可根据专用条款的约定,申请仲裁或向有管辖权的人民法院提起诉讼。

专用合同条款

本专用合同条款是依据通用合同条款进行编制，发包人根据工程的特点、环境及其他要求，在此进行修正、补充或删除，在执行过程中以此为准。

1. 定义与解释

1.1 定义

1.1.1 工程

项目名称:________________________________;

发包人名称:______________________________;

立项审批情况:_____________________________;

初步设计审批情况:_________________________;

资金组成及到位情况:_______________________;

招标文件备案情况:_________________________;

征地拆迁完成情况:_________________________;

工程地点:________________________________;

起讫桩号:________________________________;

施工标段划分:_____________________________;

监理标段划分:_____________________________;

工程概况:________________________________。

1.1.6 补充以下内容:

承包人:指与发包人签订施工合同协议书的当事人或其合法继承人或其合法受让人。

1.1.7 删除原内容,修改为:

监理合同:一般应包括监理合同协议书及附件、中标通知书、投标文件、专用合同条款、通用合同条款、《公路工程施工监理规范》(JTG G10—2016)、施工技术规范、双方签认的澄清文件。

1.2 解释

1.2.3 删除原内容,修改为:

组成监理合同的各个文件应该认为是一个整体,彼此相互解释,相互补充,如出现相互矛盾的情况,以下述文件次序在先者为准:

1.2.3.1 监理合同协议书及附件(含廉政合同、工程质量责任合同、安全监理责任合同、环境保护监理责任合同及评标期间和合同谈判中的澄清文件和补充资料)。

1.2.3.2 中标通知书。

1.2.3.3 投标函、报价函。

1.2.3.4 专用合同条款(含补遗书中与此有关的部分)。

1.2.3.5 通用合同条款。

1.2.3.6 通用施工监理规范。

1.2.3.7　施工技术规范(含施工招标文件补遗书中与此有关的部分)。

1.2.3.8　投标文件(投标函、报价函除外)。

1.2.3.9　在本合同专用条款中约定的构成本合同组成部分的其他文件。

对于同一类合同文件,以其最新版本或最新颁发者为准。

2. 监理人的义务

2.1　监理服务的形式、范围、目标与内容

2.1.1　服务形式[①]

本工程按一级监理机构设置,共设________个监理工程师办公室(简称监理办)。监理办设总监1名,副总监________名。本工程实行总监负责制。

按工程内容,各监理办下设________、________、________[②]等专业组,专业监理工程师为相应专业组的负责人。

工程规模较大的项目,监理人可根据施工标段和工程实际情况设立若干监理小组[③],每个小组由若干监理员组成,可指定1人兼任小组长,负责日常协调管理工作(不对其他监理员的专业技术工作负责)。

2.1.2　服务范围

2.1.2.1　监理服务的工程范围:________________________。

2.1.2.2　删除原内容,修改为:

监理服务的工作范围:包括对工程施工质量监理、安全监理、环境保护监理、进度监理、费用监理、合同其他事项管理及有关协调等。

补充2.1.2.3目~2.1.2.5目:

2.1.2.3　正常监理服务的范围:指在合同约定的工程范围和工作范围内及约定的监理服务期限内进行的监理服务。

2.1.2.4　附加监理服务的范围:包括但不限于:①由于非监理人(含发包人或第三方责任)原因导致合同约定的监理服务期限延长,所延长的服务时间应视为附加监理服务;②发包人书面提出正常监理服务范围以外的监理服务要求,监理人完成此项服务应视为附加监理服务;③发包人书面提出监理合同约定的工作范围以外的监理工作,监理人完成此项工作应视为附加监理服务;④发包人书面提出高于监理合同约定的服务目标,监理人为完成此目标而增加的投入应视为附加监理服务。

2.1.2.5　额外服务的范围:指正常监理服务和附加监理服务范围以外的工作,包括:①监理合同生效后,因非监理人原因导致监理人不能提供全部或部分服务时,其善后工作以及恢复服务的准备工作,应作为额外服务;②如果发包人以书面形式提出要

---

① 监理机构的设置应符合《公路工程施工监理规范》(JTG G10—2016)的要求。

② 应按工程实际所含专业列明。

③ 一般不设置。

求,监理人应提交变更服务的建议方案,该建议方案的编写和提交应视为额外服务;③非监理人原因导致全部监理服务已无法继续履行时,监理人在书面通知发包人28日之后,有权单方面解除本监理合同,因此而增加的监理服务工作量应作为监理人的额外服务;④发包人将部分或全部外部协调工作委托监理人承担,因此而增加的工作应视为额外服务;⑤根据工程需要由监理人组织的相关咨询论证会以及聘请相关专家等工作,应视为额外服务;⑥经发包人认定的其他额外服务。

2.1.3 服务目标

2.1.3.2 对第三方履约管理的服务目标:______________________________。

2.1.4 服务内容[①]

监理人应按照《公路工程施工监理规范》(JTG G10—2016)、本招标文件的专用监理规范及相关法律、法规有关要求开展监理服务。

2.1.4.1 删除原内容,本工程不适用。

2.1.4.2 删除原内容,本工程不适用。

2.1.4.3(1)删除原内容,修改为[②]:

(1)按监理合同要求委托符合规定的试验检测单位;

2.1.5 发包人对监理人的授权

发包人对监理人的授权:监理人根据监理合同、发包人与第三方签订的合同的有关规定,有权独立履行监理服务内容的职责和权限,以及根据本工程的特点授予监理人的下列权力:

(1)对承包人不称职的、不符合合同要求的人员和拒不执行监理指令的人员,总监有权责令承包人限期撤换;

(2)根据工程需要,总监具有要求承包人增加人员、设备或资金投入的权力。必要时,总监可向发包人提出中止施工合同、课以履约担保等追究承包人违约责任的建议;

(3)总监有参加承包人为实施合同工程而组织的有关会议的权力;有召开协调各承包人(含指定分包人)联席会议的权力;并有随时召集某一承包人或所有承包人就某一问题举行会议的权力;

(4)发包人认为必要的其他权限。

补充2.1.6项、2.1.7项:

2.1.6 监理人应按规定及时在交通运输部公路(水运)建设市场信用信息管理系统(新)进行人员从业登记和业绩登记,在浙江省交通运输厅监理市场诚信信息系统发布在建项目信息;在项目交工后6个月内依据两个系统登记信息到项目主管质量监督机

---

① 本条通用条款中所列的监理服务的具体监理工作,主要参照《工程专用施工监理规范》和《公路工程施工监理规范》(JTG G10—2016)的内容予以归纳,招标人可根据本工程的具体情况予以补充、调整。如合同要求监理人配合并接受发包人或上级相关单位安排的工程跟踪审计和决算审计等工作,其涉及增加的监理服务费应由双方另行约定。

② 适用于不设置监理办中心试验室的情形。

构办理监理项目评定书。

2.1.7　监理人应合理使用发包人支付的监理服务费，保证现场监理工作的正常开展，监理人不得擅自挪作他用，对监理人员工资发放实行专人专卡，银行盖章的工资发放流水清单（回执）应归档，并接受发包人对监理服务费使用情况的监督和检查。

2.4　监理人员

2.4.1　补充监理服务人员要求，具体如下：

监理人员要求表　　表1

监理岗位		各标段人数			专业技术职称	监理资格	年龄要求	评价周期内监理人员信用评价累计扣分
		1	2	…				
总监理工程师		见资格审查条件						
副总监理工程师		见资格审查条件						
桥梁或隧道专业工程师		见资格审查条件						
试验室主任								小于24分
专业监理工程师	____专业							小于24分
	____专业							小于24分
	……							小于24分
监理员	……							小于24分
	……							小于24分
试验员	……							小于24分
	……							小于24分

注：1. 总监理工程师、副总监理工程师、专业监理工程师（试验室主任除外）均须持有省级及以上交通监理行业协会核发的《交通建设工程安全监理合格证书》、《公路工程环境保护监理合格证书》，其中2012年1月1日以后获得交通运输部监理资格证书的监理工程师无须提供《交通建设工程安全监理合格证书》、《公路工程环境保护监理合格证书》。第二章附录3中的人员为监理人自有人员，专业监理工程师要求50%及以上人员为监理人自有人员。

2. 专业监理工程师应有公路工程的施工监理经历，其经历应在浙江省交通运输厅监理市场诚信信息系统上公开。

2.4.1.1　本表要求的监理人员中，总监、副总监、试验室主任、专业监理工程师等主要人员的人数原则上保持不变，因部分工程施工开始或结束时间不同，部分专业监理工程师的进、退场可有先有后，监理员的人数也应根据工程进展情况作出适当的调整。监理人员的进、退场情况应事先取得发包人的书面同意。

2.4.1.2　监理服务的人月数建议如下：第____监理标段，施工阶段为____人月（其中：施工准备期____人月（含总监和副总监____人月，试验室主任____人月，专业监理工程师____人月；监理员（含试验员）____人月）；施工及交工验收期____人月（含总监和副总监____人月,试验室主任____人月,专业监理工程师____人月;监理员(含试验员)____人月),缺陷责任期阶段合计____人月,总计____人月。

……

2.4.1.3 监理办的文秘、驾驶、后勤等辅助人员,由监理人按需要自行聘用,其费用计入监理服务费。

2.4.3 补充以下内容:

2.4.3.1 监理人应派遣投标文件中承诺的监理人员进驻现场,监理人不得随意更换投标文件和提供的资料中承诺的总监、副总监、试验室主任和专业监理工程师等主要监理人员,不得配置不符合招标文件要求的其他专业监理工程师和监理员;否则,将导致监理人违约。进场的监理人员应保持稳定,除非发包人另有要求或其他特殊原因,不得随意更换。

2.4.3.2 以下情况为正常调换:

(1)投标截止期后90天,双方未签订监理合同,或虽签订了监理合同,但工程不具备开工条件且发包人未按合同规定支付监理服务费的;

(2)因故连续停工超过90天且发包人未按合同规定支付监理服务费的;

(3)被替换人升(留)学、出国(境)定居、死亡,或年龄、健康原因影响其监理职责的正常履行的;

(4)不可预见因素直接或间接导致被替换人的确不能继续留任(不得不长期离开监理办)的;

(5)监理办新组建时监理人员(第二章投标人须知附录3中主要监理人员除外)设3个月试用期,试用期内如不能胜任的,由监理办提出经发包人认可的;

(6)发包人认为合理并可接受的其他特殊原因。

2.4.3.3 以下情况为非正常调换:

(1)被替换人擅自离岗或监理人擅自调离的;

(2)因工作失职,发生质量或安全事故被清退的;

(3)因发生吃拿卡要等廉政问题被清退的;

(4)因工作不称职等原因被交通运输主管部门、质量监督部门或发包人书面要求调换的;

(5)替换人根据交通运输部最新信用评价结果,监理工程师个人评价周期内信誉档次有降低的;

(6)发包人认为不可接受的其他原因。

2.4.3.4 有以下情况之一的,应视为监理人违约:

(1)属非正常调换;

(2)属正常调换,但未按合同规定程序和要求报发包人审查批准;

(3)替换人的技术职称、监理资格、监理经历、年龄等条件不满足资格审查条件要求。

2.4.3.5　同时满足以下条件时,不应视为监理人违约:

(1)属正常调换;

(2)按2.4.3.6的要求提交监理人员调换申请,报发包人审查并获得批准(发包人超过14天未予审批的,视为默认);

(3)替换人的监理资格、技术职称等条件不低于资格审查条件最低要求且评价周期内交通运输部监理工程师个人信用评价结果档次未下降(总监理工程师不低于投标人投标承诺);

(4)有关材料齐全(因健康原因提出的人员调换应附项目所在地县级及以上医院出具的相关证明材料)。

2.4.3.6　若监理人要求调换主要监理人员,必须提前14天向发包人提供以下材料并取得发包人的书面批准以后,才能派替换的监理人员进场:

(1)书面请示报告;

(2)替换人的身份证、毕业证书、技术职称证书、监理资格证书、工作经历与业绩等有关证明材料的彩色打印件或清晰可辨的扫描件(原件备查),其中主要监理人员的基本信息应当与浙江交通网站(或交通运输部网站)监理人员信息系统的查询结果一致,如浙江交通网站与交通运输部网站的信息不一致,以浙江交通网站诚信信息系统的查询结果为准。

2.4.3.7　若监理人要求调换监理员,应报发包人备案(发包人超过7天无异议的,视为默认)。

2.4.3.8　监理人更换监理人员构成违约的,按4.1.1.5目标准在履约担保或支付的监理服务费中扣除。

2.4.6　补充以下内容:

监理办的监理人员每个月的工作日以满足工程施工进展和监理工作的需要为前提,监理人员每个月驻工地的时间为当月法定工作日。因工程施工需要监理人员加班的,监理人应安排相关监理人员加班,其加班费按合同专用条款6.2.5项计算。

监理人员的休假应根据工程进展情况合理安排,除特殊情况外,总监、副总监的休假必须事先经发包人书面同意,其他监理人员休假必须经总监理工程师书面同意。在岗监理人员人数应满足工程正常监理工作的需要。

补充2.4.7项~2.4.9项:

2.4.7　监理人应当结合本工程特点,对全体监理人员进行必要的业务学习和考核,并接受发包人按规定组织进行的上岗摸底考试。对摸底考试不合格的监理人员,将被视为不能胜任监理工作岗位而予以调换,监理人必须选派合格的监理人员进场替换,所需费用由监理人自行承担。

2.4.8　缺陷责任期监理人员安排将由发包人根据交工时的工程实际情况确定。不论是否驻留,当因工作需要,发包人要求其返回工地时,监理人必须满足发包人的要求。

2.4.9　总监的直系或旁系亲属不得在其领导的监理办从事合同专业监理工程师的监理工作,也不得在监理办管辖的任何承包人及其分包人、材料供应商等与工程监理有关联的单位工作。

补充2.6款~2.8款:

2.6　监理办基本设施

2.6.1　监理人应自行安排监理办的基本设施,且应按《浙江省公路水运工程监理办标准化建设实施细则》有关要求进行监理办标准化(含信息化)①建设,其生活、办公用房及必需的办公、生活设施、交通工具、通信工具以及各种测量仪器、试验仪器②均由监理人自备,其费用计入监理服务费报价。上述费用及监理办配套辅助人员由投标人在招标文件给定的范围内报价,专款用于监理办标准化(含信息化)建设及配套辅助人员费用,其支付办法详见合同专用条款6.3.5.4目,投标人报价按招标文件第五章"监理服务费报价"相关表式进行填报。监理办必须配备(但不限于)以下设施、设备:

主要办公、生活用房配备要求　　表2

(适用于第____监理标段)

编号	名　　称	单位	数量	备注
1	办公用房	m^2		
2	会议室	m^2		
3	试验室③	m^2		
4	生活用房	m^2		
5	档案室	m^2		
…				

主要办公设备配备要求　　表3

(适用于第____监理标段)

编号	名　　称	单位	数量	备注
1	计算机	台		
2	复印机	台		

① 由发包人建立项目信息化管理系统,监理人应按发包人的要求接入系统并配备接入系统所需的设备,进行必要的维护和人员培训等。

② 不设监理办中心试验室时可不作要求。

③ 不设监理办中心试验室时可不作要求。

续上表

编号	名　　称	单位	数量	备注
3	单反相机	架		
4	传真机	台		
5	桌椅	套		
6	资料柜	只		
7	会议桌椅	套		
8	空调	台		
9	现场音视频记录仪	台		
…				

主要通信、交通设施配备要求　　表 4

(适用于第____监理标段)

编号	名　　称	单位	数量	备注
1	固定电话	部		
2	移动电话	部		
3	汽车	辆		
4	电动车或自行车	辆		
…				

主要生活设施配备要求　　表 5

(适用于第____监理标段)

编号	名　　称	单位	数量	备注
1	彩电	台		
2	空调	台		
3	洗衣机	台		
4	床、被、褥	套		
5	冰箱	台		
6	热水器	台		
…				

主要测量仪器设备配备要求　　表 6

(适用于第____监理标段)

编号	名　　称	单位	数量	备注
1	全站仪	台		
2	经纬仪	台		

续上表

编号	名　称	单位	数量	备注
3	水准仪	台		
…				

监理办工地临时试验室基本配备要求　　表7①

(适用于第____监理标段)

工程	检测项目	主要仪器设备	备注
路基工程	1. 路基压实度试验:环刀法或灌砂法 2. ……	1. 灌砂筒 2. 取土器及环刀 3. 恒温干燥箱 4. ……	
路面基层	1. 压实度试验 2. ……	1. 灌砂筒 2. 标准养护箱 3. 恒温干燥箱 4. ……	
沥青混凝土路面	1. 沥青混合料温度检测 2. 路面厚度、平整度检测 3. ……	1. 温度计 2. 路面平整度检测仪 3. ……	
水泥混凝土路面	1. 路面厚度、平整度 2. ……	1. 路面平整度检测仪 2. ……	
桥涵工程	1. 混凝土、砂浆试验试件制作 2. ……	1. 试模 2. ……	
隧道工程	1. 混凝土、砂浆试验试件制作 2. ……	1. 试模 2. ……	
…			

2.6.2　监理人未按上述要求配备必需的设施、设备和物品,影响工程进展,发包人有权购买任何未按规定应由监理人自备的设施、设备和物品及其安装和服务,费用均由监理人负担,并在中期支付中将此款扣除。

2.7　监理人的试验检测任务

2.7.1　规范规定属监理人职责范围内的所有检测任务均由监理人承担,其检测费

① 不设监理办中心试验室时可不作要求。

用计入监理服务费报价。监理办工地临时试验室的检测仪器、设备可参照表7的要求配备,其他检测项目可由监理人中心试验室进行,或由监理人委托具有计量认证证书和交通运输主管部门核发的试验检测机构资质证书的试验检测单位进行(监理人可根据自身检测能力,在表7要求的基础上,增减工地临时试验室仪器设备的配置)。

2.7.1[①]　规范规定属监理人职责范围内的所有检测任务均由监理人承担,其检测费用计入监理服务费报价。监理人应经发包人同意委托具有计量认证证书和交通运输主管部门核发的试验检测机构资质证书的试验检测单位进行试验检测任务。

2.7.2　特殊试验[②]由发包人根据工程实际情况决定,费用由发包人另行支付。

2.8　发包人财产

本工程所有设计文件、规范、报表和其他由监理人为提供监理服务而制备的文件资料(包括摄像、录音和电子文档等)均属发包人财产。监理人在监理服务完成或合同中止前,应将上述文件、图表、签认的凭证、监理日志、监理指令等资料,按《公路建设项目文件材料立卷归档管理办法》(交办发〔2010〕382号)和《浙江省公路工程竣(交)工验收实施细则(试行)》(浙交〔2013〕22号)并结合《浙江省公路工程竣工文件编制办法》(浙交〔2002〕138号)的规定,进行汇总、整理、装订成册,作为施工监理的竣工或阶段性资料,交付给发包人,监理人保留一份副本。上述资料中监理用表应采用《浙江省公路工程施工监理统一用表(2013年修订版)》(浙交监〔2013〕17号)。其所需费用应包含在监理服务费报价中。

3. 发包人的义务

3.1　监理工作条件

删除原内容,改为:

监理人应自行安排监理办的设施,具体要求详见合同专用条款2.6款规定。

3.2　文件和资料

3.2.5项修改为:

3.2.5　本项目环评报告及批复。

补充3.2.6项~3.2.8项:

3.2.6　施工项目安全风险评价报告。

3.2.7　发包人应按规定及时在交通运输部公路(水运)建设市场信用信息管理系统(新)发布在建项目信息。

3.2.8　其他。

---

① 适用于不设监理办中心试验室的情形。

② 如桩基荷载试验、桥梁荷载试验、梁板静载试验等。

3.3 协助

删除原内容,改为:

发包人在项目所在地对监理人提供如下协助:

3.3.1 建立监理服务费用的财务通道。

3.3.2 避免监理人根据合同履行监理服务而导致的第三方的收费(不含税金)。

3.3.3 解决非监理人原因而发生意外事件时,监理工作人员的返回和相关事宜。

3.5 代表

发包人授权代表:________________________________。

4. 责任和保障

4.1 监理人的违约及赔偿责任

4.1.1.5 监理人的其他违约责任:

(1)自中标开始至施工阶段结束,监理人违约调换总监理工程师、副总监理工程师、试验室主任、专业监理工程师、监理员(含试验员)的;

(2)监理人员不能胜任本职工作,而监理人又不能按发包人要求及时更换的;

(3)总监、副总监的休假未经发包人书面同意,其他监理人员休假未经总监批准而影响监理工作的;

(4)无正当理由监理人员每个月驻工地的时间和人数少于本专用条款第2.4.6项要求的;

(5)监理人员未按规定巡视、旁站的;

(6)在接到承包人书面申请检查约定时间后的24小时内未到现场,且过后又没有进行复检而造成质量问题的;

(7)原材料、构配件、设备及已完工程实体质量的抽检频率不足的;

(8)将不合格的工程、工序、材料、构配件和设备按合格签字的;

(9)在地面线被扰动前,对原始地面线的复测频率达不到合同要求,或土石方数量计算资料不全,或工程量审核不符合合同要求的;

(10)监理人员严重失职导致质量、安全或环保事故发生的;

(11)因监理人原因未达到合同约定的质量目标的;

(12)监理人员有吃拿卡要或其他不良行为的;

(13)违反第2.4.8项的规定的;

(14)违反第2.4.9项的规定的;

(15)监理人不按时提交完整的交竣工资料的;

(16)在合同实施过程中,监理办标准化(含信息化)建设不满足招标文件专用合同条款第 2.6 款要求的；

(17)投标文件中承诺的监理人员(含试验室主任、专业监理工程师、监理员、试验员)信用评价周期内累计扣分大于等于 12 分的。

补充 4.1.1.6 目：

4.1.1.6　因监理人违约，除执行 4.1.1.5 目已明确的违约处理外，发包人视其违约情节分别采取以下处理方法：

(1)有 4.1.1.2 目情形，发包人有权购买任何未按承诺配备的设施、设备和物品及其安装和服务，费用均由监理人负担，并在中期支付中将此款扣除；人员未按承诺进场，每人每天课以____元的违约金；

(2)有 4.1.1.4 目情形，每人次课以____元的违约金；

(3)有 4.1.1.5(1)情形，总监理工程师每人次课以____元的违约金，副总监理工程师每人次课以____元的违约金，试验室主任每人次课以____元的违约金，专业监理工程师每人次课以____元的违约金，监理员(含试验员)每人次课以____元的违约金；①

(4)有 4.1.1.5(2)情形，每人次课以____元的违约金；

(5)有 4.1.1.5(3)情形，每人次课以____元的违约金；

(6)有 4.1.1.5(4)情形，每人每天课以____元的违约金；

(7)有 4.1.1.5(5)情形，每次课以____元的违约金；

(8)有 4.1.1.5(6)情形，每次课以____元的违约金；

(9)有 4.1.1.5(7)情形，每次课以____元的违约金；

(10)有 4.1.1.5(8)情形，每次课以____元的违约金；

(11)有 4.1.1.5(9)情形，每次课以____元的违约金；

(12)有 4.1.1.5(10)情形，每次课以____元的违约金；

(13)有 4.1.1.5(11)情形，课以____% 的违约金；

(14)有 4.1.1.5(12)情形，每次课以____元的违约金；

(15)有 4.1.1.5(13)情形，每次课以____元的违约金；

(16)有 4.1.1.5(14)情形，每次课以____元的违约金；

(17)有 4.1.1.5(15)情形，每次课以____元的违约金；

(18)有 4.1.1.5(16)情形，每次课以监理办标准化(含信息化)建设完成及配套辅助人员费用总额的 2%；

(19)有 4.1.1.5(17)情形，补充监理人员(含试验室主任、专业监理工程师、监理员、试验员)信用评价周期内累计扣分大于或等于 12 分的且小于 18 分的，试验室主任、专业监理工程师每人课以____元的违约金，监理员、试验员每人课以____元的违约金；信用评价周期内累计扣分大于或等于 18 分的且小于 24 分的，试验室主任、专业监理工

① 监理标段估算价在 1000 万元及以上的，总监理工程师按每人次 20 万 ~30 万元处违约金，副总监理工程师及资格条件要求的重要专业监理工程师按每人次 15 万 ~20 万元处违约金，其他专业监理工程师(试验室主任)按每人次 10 万 ~15 万元处违约金，监理员(含试验员)按每人次 1 万 ~2 万元处违约金。

程师每人课以____元的违约金,监理员、试验员每人课以____元的违约金;

(20)有 4.1.1.1 目情形时,发包人可直接发出书面通知立即终止合同;

(21)有 4.1.1.3 目造成工程质量、安全的情形时,发包人按事故大小、造成损失程度向监理人课以违约金和赔偿金,直至终止合同;

(22)有 4.1.1.3 目监理人向承包人索贿、谋取私利,或与承包人串通损害发包人利益,给发包人造成损失的情形时,发包人可直接发出书面通知立即终止合同。

违约金在履约担保或支付的监理服务费中扣除(给发包人造成经济损失的,按合同通用条款第 4.1.2 项规定另行承担赔偿责任)。

4.5 保障

4.5.2 删除原内容,改为:

发包人与监理人应在发包人发出中标通知书____天内签订监理服务合同协议书,中标人应在签订上述合同之前向发包人提交履约担保。履约担保形式为履约银行保函。履约担保的金额:监理人信用等级为 AA、A 等级的,履约保证金金额为签约合同价的 3%,B、C 等级企业为签约合同价的 4%,D 等级企业为签约合同价的 5%(以浙江省交通运输厅最新的监理企业信用评价结果为准,浙江省交通运输厅最新的监理企业信用评价结果未涉及的企业按 B 级计算)。出具履约担保的银行级别为:县(区、市)级支行及以上银行。如果监理人无正当理由全部或部分不履行本监理合同时,发包人有权根据具体情况没收全部或部分履约担保。发包人应当同时向监理人提供监理服务费支付担保。

5. 监理合同的生效、终止、变更、暂停与解除

5.2 监理服务的时间和期限

本项目计划开工日期为________年____月____日,监理服务期为____个月,其中施工阶段监理____个月(包括施工准备期监理____个月,施工及交工验收期监理____个月);缺陷责任期阶段监理____个月。

5.4 监理合同的变更

5.4.3 按第 6.2 款计算调整。

5.4.4 删除原内容,改为:

发包人对在监理合同有效期内因物价变动而导致监理服务费增减的补偿不予考虑。

5.4.5 删除原内容,改为:

在签订本监理合同后,因国家或地方政府的法律、法规变动而引起监理服务费用的增加或服务时间的延长,应进行调整,具体调整方法:引起监理服务费用增加的,双方协商签订补充合同;引起服务时间延长的,按附加监理服务的费用予以计算。

5.5　监理合同的暂停与解除

5.5.1.1　按合同专用条款第6.2款进行调整。

5.5.1.2　按合同专用条款第6.2款进行调整。

5.5.3　补充以下内容：

当发包人认为监理人无能力履行合同时，发包人按规定报备后有权单方面中止合同，重新招标或指定有能力的其他单位完成余下的监理任务，由此给发包人造成的损失由监理人承担。

5.5.4　按合同专用条款第6.2款进行调整。

6. 监理服务的费用与支付

6.1　监理服务费用内容

6.1.1.5目修改为：

6.1.1.5　加班费。

补充6.1.1.6目：

6.1.1.6　其他。

6.1.2.9目修改为：

6.1.2.9　辅助人员费用。

补充6.1.2.10目：

6.1.2.10　其他。

6.2　监理服务费计算方法

6.2.1　正常监理服务的费用

删除原内容，改为：

正常监理服务费用为施工阶段、缺陷责任期阶段的监理服务全部费用。本项目监理服务费实行市场调节价，其中，施工阶段监理服务费应依照施工阶段监理服务费计算表(第五章“监理服务费报价”表2.2)，投标人结合国家相关规定根据投入监理人员数量、服务时间，结合自身因素及相关风险，进行投标报价；缺陷责任期阶段监理服务费应依照缺陷责任期阶段监理服务费计算表(第五章“监理服务费报价”表2.3)中的监理人员数量、服务时间计算，总额包干。

6.2.2　附加监理服务的费用

附加监理服务费用的计算方法：附加服务工作日数×监理人数　×中标时施工阶段监理服务人月平均费用与法规规定每月工作日数的比值。

其中因非监理人原因造成监理服务期延长的(包括施工准备期延长)，附加监理服务费按上式计算。

因非监理人原因造成监理服务期延长的(包括施工准备期延长)，延长部分的监理办标准化(含信息化)建设及配套辅助人员费用按下述方式计算:该项费用按月为计算周期,以监理办标准化(含信息化)建设及配套辅助人员费用除以合同协议书中列明的施工阶段监理服务期的月份数得出的金额予以支付。

6.2.3 额外服务的费用

额外服务费用的计算方法:额外服务工作日数×监理人数×中标时施工阶段监理服务人月平均费用与法规规定每月工作日数的比值。

6.2.4 删除原内容,改为:

监理服务费按以下方式调整:因增加附加监理服务、额外服务,监理服务费用应进行调整。附加监理服务费用应按合同专用条款第 6.2.2 项约定进行调整,额外服务费用应按合同专用条款第 6.2.3 项约定予以调整。工程概算(或预算)变化时(附加服务、额外服务所含内容除外),监理服务费用不予调整。

6.2.5 删除原内容,改为:

加班费指法定节、假日加班和法定工作时间以外的延时工作的费用,应按《中华人民共和国劳动合同法》的相关规定计算费用。监理人在编制监理服务费投标报价表时,应充分考虑施工监理过程中可能遇到的、由各种原因引起的加班及其所发生的所有加班费用,并将该费用计入监理服务费报价中。发包人不再另行支付监理人加班费,监理人也不得以加班费或任何其他名义向承包人计取额外的报酬。

6.3 支付

6.3.2 履约担保

6.3.2.1 删除原内容,改为:

履约担保的提交和返还按照投标人须知第 7.3 款和监理合同专用条款第 4.5.2 项、监理合同通用条款第 4.5.3 项执行。

6.3.3 违约金和赔偿金

6.3.3.1 删除原内容,改为:

根据监理合同通用条款和专用条款第 4.1 款确定的监理人对发包人的违约金和赔偿金,由发包人从监理人的履约担保或日常支付中扣回。

6.3.3.2 删除原内容,改为:

根据监理合同通用条款第 4.2 款确定的发包人对监理人的赔偿金,应由发包人在支付担保或日常支付中向监理人支付。

6.3.4 支付担保

6.3.4.1 发包人在签订合同时,按监理服务费的____% 办理支付担保,额度与履约担保同等,并将此担保交给监理人。

6.3.5 支付方式与支付内容

6.3.5.1 目修改为:

6.3.5.1 发包人采用分期支付的方式向监理人支付监理服务费。监理人于每期支付的当月 7 日前将该期监理服务费支付申请上报发包人,发包人应在收到监理支付申请后 7 日内予以审批，在批复后 14 日内向监理人支付监理服务费。

(1)在正常施工阶段期限内的施工阶段监理服务费的支付方式为：

①施工准备期发包人按经确认的监理实际到位人数乘以施工阶段监理服务人月平均费用计算施工准备期监理服务费，在施工准备期结束后一次性支付给监理人；

②施工及交工验收期发包人按中标时施工阶段监理服务费扣除施工准备期[①]监理服务费后按月[②]平均、按季支付监理服务费；

②施工期发包人按中标时施工阶段监理服务费扣除施工准备期[③]和交工验收期监理服务费后按月[④]平均、按季支付监理服务费，如发生本专用条款 6.3.7.3 目情形的，发包人在最后一季的支付中将当期应支付监理服务费与施工阶段其余监理服务费一起在交工验收证书签发后一次性支付给监理人；[⑤]

③交工验收期发包人按中标时施工阶段监理服务人月平均费用乘以中标时交工验收期人月数，与施工阶段其余监理服务费一起在交工验收证书签发后一次性支付给监理人。[⑥]

(3)删除原内容，改为：

工程概算(或预算)变化时(附加服务、额外服务所含内容除外)，按合同专用条款 6.2.4 项处理。

(4)删除原内容，改为：

依据合同条款第 4.1 款约定对监理人的违约金和赔偿金扣额，发包人应从履约担保或当期对监理人的支付费用中一次性扣回；

(5)删除原内容，改为：

依据合同条款第 4.2 款约定发包人对监理人的赔偿金，应于金额确定后在支付担保或对监理人当期支付费用中一次性支付；

6.3.5.2　删除原内容，改为：

按合同专用条款第 6.2.5 项约定执行。

6.3.5.3　删除原内容，改为：

缺陷责任期阶段内，监理人依据合同专用条款第 6.2.1 项的约定，总额包干，每季(或半年)支付一次，监理人于下季第一个月 7 日前将当期缺陷责任期阶段监理服务费支付申请上报发包人，发包人在收到监理支付申请后 7 日内予以审批，在批复后 14 日内

---

① 指合同约定的施工准备期监理服务月数，如施工准备期有延长的，延长部分的监理服务费按附加监理服务费用计算。

② 指合同约定的施工及交工验收期监理服务月数，如施工及交工验收期有延长的，延长部分的监理服务费按附加监理服务费用计算。

③ 指合同约定的施工准备期监理服务月数，如施工准备期有延长的，延长部分的监理服务费按附加监理服务费用计算。

④ 指合同约定的施工期监理服务月数，如施工期有延长的，延长部分的监理服务费另按附加监理服务费用计算。

⑤ 适用于单独对土建工程的监理进行招标的项目或标段。

⑥ 适用于单独对土建工程的监理进行招标的项目或标段。

向监理人支付监理服务费。

补充 6.3.5.4 目:

6.3.5.4　监理办标准化(含信息化)建设完成及配套辅助人员到位后,经发包人检查验收合格,支付该项费用的____%;剩余____%分____期支付,每次支付____,共计支付____%。最后 1 期支付为合同工程交工验收证书签发后,支付该项费用的剩余____%部分。监理人应在上述时间节点后 7 日内,将支付申请上报发包人,发包人在收到监理支付申请后 7 日内予以审批,在批复后 14 日内向监理人支付该项费用。

6.3.6　动员预付款的扣回

删除原内容,改为:

发包人在每期支付的同时按动员预付款的 20% 分期扣回该款项,直至扣足动员预付款为止。

6.3.7　结算

6.3.7.1　删除原内容,修改为:

在施工阶段监理服务工作结束后 7 日内,监理人应将至交工证书签发之日前实际发生的监理服务费用,扣减监理人赔偿金后余额的支付申请上报至发包人,发包人应在收到该支付申请后 7 日内予以审批,在批复后 14 日内向监理人支付费用。监理人在提交支付申请的同时应按发包人要求的格式,以履约担保额的 50% 为额度向发包人提交缺陷责任期保函,发包人在收到监理人提交的缺陷责任期保函后 7 日内向监理人返还履约担保。

补充 6.3.7.3 目:

6.3.7.3　若本工程提前完成,导致工期缩短,发包人应按施工阶段监理服务费原费用支付给监理人。如另有奖励的,按合同专用条款 7.3 款约定的执行。

6.3.8　监理服务费用的支付期限

其中的“按照同期银行贷款利率计算相应的利息”,修改为:按同期中国人民银行短期贷款利率计算相应的利息。

7. 其他

7.3　奖励

监理人提出的合理化建议降低工程造价或产生经济效益,发包人对监理人的额外奖励办法:

(1)由监理人提出的合理化建议通过变更降低了工程造价,发包人应给予监理人降低工程造价的____%的奖励;

(2)监理人认真审核设计图纸,发现设计图纸重大漏错,避免工程重大损失,发包人应给予监理人____万元的奖励;

(3)监理人工作积极主动,责任心强,发现重大安全隐患,且及时采取措施,避免重大安全事故或人身伤亡事故的发生,发包人应给予监理人____万元的奖励;

(4)监理人工作积极主动,责任心强,发现重大质量隐患,且及时采取措施,避免重大质量事故的发生,发包人应给予监理人____万元的奖励;

(5)根据发包人制定的立功竞赛考核办法,监理人在立功竞赛中获得优胜的,发包人应给予监理人____万元的奖励;

履约考核的具体办法:

(1)监理人按发包人确定的关键工序节点考核办法,认真履行监理服务工作,使每个节点都按时完工;

(2)监理人按发包人制定的工程施工总体进度计划,认真履行监理服务工作,使季度计划、年度计划按时完成;

(3)工程无重大安全、环保、质量事故发生,质量目标达到合同约定。

8. 争端的解决

双方在履行本监理合同过程中发生争端时,应本着友好协商的原则解决问题,或通过上级主管部门进行调解。若经过协商或调解仍不能达成一致时,双方在此约定:对合同执行过程中的争端最终由________(仲裁机构或有管辖权的人民法院的全称)解决。

9. 补充条款

需补充的其他条款。

监理合同附件格式

附件一　合同协议书格式

合同协议书

______________(发包人名称,以下简称“发包人”)为实施____________(项目名称、施工监理标段),已接受______________(监理人名称,以下简称“监理人”)的施工监理投标文件。发包人和监理人共同达成如下协议。

1. 本协议书与下列文件一起构成合同文件:

(1)监理合同协议书及附件(含廉政合同、工程质量责任合同、安全监理责任合同、环境保护监理责任合同及评标期间和合同谈判中的澄清文件和补充资料);

(2)中标通知书;

(3)投标函、报价函;

(4)专用合同条款(含补遗书中与此有关的部分);

(5)通用合同条款;

(6)《公路工程施工监理规范》(JTG G10—2016);

(7)施工技术规范(含施工招标文件补遗书中与此有关的部分);

(8)投标文件(投标函、报价函除外);

(9)在本合同专用条款中约定的构成本合同组成部分的其他文件。

2. 上述文件互相补充和解释,如有不明确或不一致之处,以上述文件次序在先者为准。

3. 监理服务费总价:(大写)____________元(¥____)。

其中:施工阶段(含施工准备期、施工及交工验收期)监理服务费____元;

缺陷责任期阶段监理服务费____元;其他____元。

4. 总监理工程师:____________,监理资格证书编号:____________。

5. 监理人承诺按合同约定提供监理服务。

6. 发包人承诺按合同约定的时间、条件和方式向监理人支付其应支付的监理费用和提供监理工作条件。

7. 监理服务期:____年____月____日至____年____月____日共____个月,其中施工阶段(含施工准备期、施工及交工验收期)____年____月____日至____年____月____日共____个月,缺陷责任期阶段监理____年____月____日至____年____月____日共____个月。

8. 本协议书双方签字盖章后,监理人按约定提交履约保证金后生效,至双方按照监理合同的约定履行完各自的义务和责任后自然失效。

9. 合同未尽事宜,双方另行签订补充协议。补充协议是合同的组成部分。

10. 本监理合同协议书正本一式两份,双方各执一份,具有同等法律效力。协议书副本____份,双方各执____份。

发包人(全称并盖电子公章)[①]:______
法定代表人
或其委托代理人(签字)____________
日　　期:____年____月____日
单位地址:________________________
邮　　编:________________________
电子邮箱:________________________
电　　话:________________________
传　　真:________________________
开户银行:________________________
账　　号:________________________

监理人(全称并盖电子公章)[②]:______
法定代表人
或其委托代理人(签字)____________
日　　期:____年____月____日
单位地址:________________________
邮　　编:________________________
电子邮箱:________________________
电　　话:________________________
传　　真:________________________
开户银行:________________________
账　　号:________________________

① 如采用的是非电子招标,则为发包人单位公章。
② 如采用的是非电子招标,则为监理人单位公章。

附件二　履约保证金格式

履约保证金

致:____________(发包人全称)

鉴于______(发包人名称,以下简称“发包人”)接受____________(监理人名称,以下称“监理人”)于____年____月____日参加____________(项目名称)______标段监理的投标。我方愿意无条件地、不可撤销地就承包人履行与你方订立的合同,向你方提供担保。

1. 担保金额人民币:(大写)____________元(￥____)。

2. 担保有效期自发包人与监理人签订的合同生效之日起至发包人签发交工验收证书之日止。

3. 在本担保有效期内,因监理人违反合同约定的义务给你方造成经济损失时,我方在收到你方以书面形式提出的在担保金额内的赔偿要求后,在 7 天内无条件支付,无须你方出具证明或陈述理由。

4. 发包人和监理人按合同条款第 5.4 款变更合同时,我方承担本担保规定的义务不变。

担保人(盖单位章):______________________

法定代表人

或其委托代理人(签字):__________________

地　　址:______________________________

邮政编码:______________________________

电　　话:______________________________

传　　真:______________________________

日　　期:____年____月____日

注:监理人在获得发包人书面同意后,可采用银行提供的保函格式,其主要内容须与本保函内容原则一致。

附件三　廉政合同格式

廉政合同

根据交通运输部《关于在交通基础设施建设中加强廉政建设的若干意见》以及有关工程建设、廉政建设的规定，为做好____________________项目__________________工程建设中的党风廉政建设，保证工程建设高效优质，保证建设资金的安全和有效使用以及投资效益，____（发包人全称）____（以下称甲方）与____（监理人全称）____（以下称乙方），特订立如下合同。

第一条　甲乙双方的权利和义务

（一）严格遵守党和国家有关法律法规及交通运输部、浙江省交通运输厅的有关规定。

（二）严格执行本工程监理服务合同协议书，自觉按协议书办事。

（三）双方的业务活动坚持公开、公正、诚信、透明的原则（除法律认定的商业秘密和合同文件另有规定之外），不得损害国家和集体利益，违反工程建设管理规章制度。

（四）建立健全廉政制度，开展廉政教育，设立廉政告示牌，公布举报电话，监督并认真查处违法违纪行为。

（五）发现对方在业务活动中有违反廉政规定的行为，有及时提醒对方纠正的权利和义务。

（六）发现对方严重违反本合同义务条款的行为，有向其上级有关部门举报、建议给予处理并要求告知处理结果的权利。

第二条　甲方义务

（一）甲方及其工作人员不得索要或接受乙方的礼金、有价证券和贵重物品，不得在乙方报销任何应由甲方或个人支付的费用等。

（二）甲方工作人员不得参加乙方安排的宴请和娱乐活动；不得接受乙方提供的通信工具、交通工具和高档办公用品等。

（三）甲方及其工作人员不得要求或者接受乙方为其住房装修、婚丧嫁娶活动、配偶子女的工作安排以及出国出境、旅游等提供方便等。

（四）甲方工作人员的配偶、子女不得从事与甲方工程有关的监理分包项目。

第三条　乙方义务

（一）乙方不得以任何理由向甲方及其工作人员行贿或馈赠礼金、有价证券、贵重礼品。

（二）乙方不得以任何名义为甲方及其工作人员报销应由甲方单位或个人支付的任何费用。

（三）乙方不得以任何理由安排甲方工作人员参加宴请及娱乐活动。

（四）乙方不得为甲方单位和个人购置或提供通信工具、交通工具和高档办公用品等。

(五)乙方及其工作人员不得索取或接受承包人的礼金、有价证券和贵重物品,不得在承包人报销任何应由乙方或个人支付的费用。

(六)乙方及其工作人员必须严格按照监理规程办事,不得与承包人串通,损害甲方利益。

第四条 违约责任

(一)甲方及其工作人员违反本合同第一、二条;按管理权限、依据有关规定,给予党纪、政纪或组织处理;涉嫌犯罪的,移交司法机关追究刑事责任;给乙方单位造成经济损失的,应予以赔偿。

(二)乙方及其工作人员违反本合同第一、三条,按管理权限、依据有关规定,给予党纪、政纪或组织处理;给甲方单位造成经济损失的,应予以赔偿;情节严重的,甲方建议交通工程建设主管部门给予乙方一至三年内不得进入其主管的交通工程建设市场的处罚。

第五条 双方约定:本合同由双方或双方上级单位的纪检监察机关负责监督执行。由甲方或甲方上级单位的纪检监察机关约请乙方或乙方上级单位纪检监察机关,对本合同执行情况进行检查,提出在本合同规定范围内的裁定意见。

第六条 本合同有效期为甲乙双方签署之日起至该工程项目竣工验收后止。

第七条 本合同作为本工程监理服务合同协议书的附件,与监理服务合同协议书具有同等的法律效力,经合同双方签署立即生效。

第八条 本合同甲、乙双方各执一份,递交双方监督单位一份。

发包人(全称并盖电子公章)[①]:_______	监理人(全称并盖电子公章)[②]:_______
法定代表人	法定代表人
或其授权代理人(签字):____________	或其授权代理人(签字):____________
地　址:____________________________	地　址:____________________________
电　话:____________________________	电　话:____________________________
日　期:____年____月____日	日　期:____年____月____日

① 如采用的是非电子招标,则为发包人单位公章。

② 如采用的是非电子招标,则为监理人单位公章。

附件四　工程质量责任合同格式

工程质量责任合同

根据国务院《建设工程质量管理条例》，为保证在设计使用年限内建设工程质量，__________项目__________工程的发包人____________（以下称甲方）与监理人___________（以下称乙方），特订立如下质量责任合同。

第一条　本建设项目的工程质量目标为_______，监理人对本建设工程的监理质量在设计使用年限内依法终身负责。监理责任人_______。

第二条　甲乙双方的权利和义务

（一）严格遵守国家有关法律法规及交通运输部、浙江省交通运输厅的有关规定。

（二）严格执行本工程监理服务合同协议书，自觉按协议书办事。

（三）双方的施工监理业务活动坚持科学、公正、诚信、平等的原则，不得损害国家、集体的利益，不得违反工程建设管理规章制度。

（四）发现对方在施工监理业务活动中，有违反有关规定的行为，有及时提醒对方纠正的权利和义务。

（五）发现对方严重违反监理合同文件的行为，有向其上级有关部门举报，建议给予处理并要求告知处理结果的权利。

第三条　甲方义务

（一）甲方向乙方及时提供与承包人签订的施工合同文件及有关资料（包括技术规范、工程量清单、施工图等）。

（二）甲方不得指使乙方不按法律、法规、工程建设强制性标准和监理规范进行现场监理。

（三）甲方应按施工监理合同的约定支付监理费，除施工监理合同的约定外，甲方不得以任何借口克扣监理费或拖延监理费的支付。

（四）甲方不得明示或暗示向乙方推荐单位或个人承包或分包本工程的施工监理任务。

（五）甲方不得以任何理由索取回扣或其他好处。

第四条　乙方义务

（一）乙方应具备与本工程相应等级的监理资质证书。

（二）乙方不得允许其他单位或个人以乙方的名义承揽本工程的施工监理任务，不得转包或违法分包所承揽的本工程的施工监理任务。

（三）乙方必须严格履行施工监理合同，按投标承诺的监理人员及时到位。监理人员不能擅自调换，如有特殊原因确需调换的，须经发包人书面同意方能换人。

（四）乙方如建立工地临时试验室，按要求配备相应的试验检测人员和设备，并取得《工地试验室管理手册》。乙方如委托具有相应资质和试验检测能力的试验检测单位进行的,则该委托试验检测单位须经交通质量监督部门和发包人批准同意。按有关规定做好各类试验,试验资料应真实、完整,统一归档。

(五)乙方必须按照"严格监理、优质服务、公正科学、廉洁自律"的原则,认真贯彻执行有关施工监理的各项方针政策、法规,制定详细监理工作计划,明确监理岗位职责,严格监理检查制度。对工程的重要环节和关键部位,必须实施全过程的现场监理旁站,并有完整的监理旁站记录;严格计量支付;合理有效地控制进度。

(六)乙方与甲方、承包人或指定分包人之间有关工程质量、进度和费用的一切往来函件、报表均应分类编号归档保存;监理资料应真实、完整。

第五条 违约责任

(一)甲方及其工作人员违反本合同第二、三条,按管理权限,依据国务院《建设工程质量管理条例》有关规定给予相应的处罚;涉嫌犯罪的,依法追究刑事责任;给乙方单位造成经济损失的,应予以赔偿。

(二)乙方及其工作人员违反本合同第二、四条,按管理权限,依国务院《建设工程质量管理条例》有关规定给予相应的处罚;涉嫌犯罪的,依法追究刑事责任;给甲方单位造成经济损失的,应予以赔偿。

第六条 本合同有效期为甲乙双方自签署之日起至该工程项目设计使用年限之日止。

第七条 本合同作为本工程监理服务合同协议书的附件。

第八条 本合同甲、乙双方各执一份,递交双方监督单位一份。

发包人(全称并盖电子公章)①:______	监理人(全称并盖电子公章)②:______
法定代表人	法定代表人
或其授权代理人(签字):__________	或其授权代理人(签字):__________
地　址:______________________	地　址:______________________
电　话:______________________	电　话:______________________
日　期:____年____月____日	日　期:____年____月____日

① 如采用的是非电子招标,则为发包人单位公章。

② 如采用的是非电子招标,则为监理人单位公章。

附件五　安全监理责任合同格式

安全监理责任合同

根据国务院《建设工程安全生产管理条例》，交通运输部《公路水运工程安全生产监督管理办法》，为在____________项目____________工程监理服务合同的实施过程中切实搞好本工程的安全生产管理工作，发包人________________（以下简称"甲方"）与监理人________________（以下简称"乙方"）签订如下安全监理责任合同。

一、甲方职责

1. 严格遵守国家有关安全生产的法律法规，支持乙方按条例要求对规定的施工安全实施监理。

2. 按照"安全第一、预防为主、综合治理"、坚持"管生产必须管安全"和"党政同责、一岗双责、齐抓共管"的原则进行安全生产管理，做到生产与安全工作同时计划、布置、检查、总结和评比。

3. 重要的安全设施必须坚持与主体工程"三同时"的原则，即：同时设计、审批，同时施工，同时验收，投入使用。

4. 定期召开安全生产调度会，及时传达中央及地方有关安全生产的精神。

5. 组织对施工现场的安全生产检查，监督承包人及时处理发现的各项安全隐患。

二、乙方职责

1. 督促承包人严格遵守国家有关安全生产的法律法规、交通运输部《公路水运工程安全生产监督管理办法》、《公路工程施工安全技术规程》（JTG F90—2015）和《公路筑养路机械操作规程》有关安全生产的规定，认真执行工程承包合同中的有关安全要求。

2. 坚持"安全第一、预防为主、综合治理"、"管生产必须管安全"和"党政同责、一岗双责、齐抓共管"的原则，督促承包人加强安全生产宣传教育，增强全员安全生产意识，建立健全各项安全生产的管理机构和安全生产管理制度，配备专职及兼职安全检查人员，有组织有领导地开展安全生产活动。

3. 建立健全安全监理制度，加强安全知识教育培训，明确各岗位监理人员的安全监理职责，增强安全意识。

4. 在审查施工组织设计的同时，要同步审查施工组织设计中的安全技术措施，审查专项施工方案是否符合工程建设强制性标准。

5. 在实施监理过程中，发现存在安全事故隐患的，应立即要求承包人整改；情况严重的，应立即要求承包人停止施工，并及时报告发包人。承包人拒不整改或不停止施工的，乙方应及时向有关主管部门报告。

6. 乙方及其监理工程师应当按照法律、法规和工程建设强制性标准实施监理，并对建设工程安全生产承担监理责任。

7. 乙方应督促承包人按照本工程特点，组织制订本工程实施中的生产安全事故应急救援预案;如果发生安全事故,应按照《国务院关于特大安全事故行政责任追究的规定》以及其他有关规定,及时上报有关部门,并坚持"四不放过"的原则,严肃处理相关责任人。

三、违约责任

如因甲方或乙方违约造成安全事故,根据国务院《建设工程安全生产管理条例》,交通运输部《公路水运工程安全生产监督管理办法》,将依法追究责任。

本合同正本一式二份,副本八份,合同双方各执正本一份,副本四份。由双方法定代表人或其授权代理人签署并加盖公章后生效,全部工程竣工验收后失效。

发包人(全称并盖电子公章)①:______

法定代表人

或其授权代理人(签字):__________

地　址:________________________

电　话:________________________

日　期:____年____月____日

监理人(全称并盖电子公章)②:______

法定代表人

或其授权代理人(签字):__________

地　址:________________________

电　话:________________________

日　期:____年____月____日

① 如采用的是非电子招标,则为发包人单位公章。

② 如采用的是非电子招标,则为监理人单位公章。

附件六　环境保护监理责任合同格式

环境保护监理责任合同

根据交通运输部《关于开展交通工程环境监理工作的通知》(交环发〔2004〕314 号)和有关规范要求,为在____________项目____________工程施工监理服务过程中切实做好环境保护监理工作,发包人________________(以下简称“甲方”)与监理人______________(以下简称“乙方”)签订如下环境保护监理责任合同。

一、甲方职责

1. 严格遵守国家有关环境保护的法律法规,贯彻执行交通主管部门和环保主管部门有关施工环境保护的规章和规定,结合本工程实际,提出本工程环境保护管理实施意见和具体要求。

2. 以“不破坏就是最好的保护,在设计上最大限度地保护生态环境,在施工中最小程度地破坏和最大限度地恢复生态环境”为行动准则,协助乙方做好施工环境调查,负责与当地有关部门的协调工作,做到交通建设与环境保护协调发展。

3. 坚持“预防为主,防治结合”,“谁污染谁治理,谁开发谁保护”的原则,支持乙方按法律、法规、规章和合同要求对本工程施工环境保护实施监理。

4. 根据“三同时制度” 即环境保护设施与主体工程同时设计、同时施工、同时投入使用的要求,负责督促设计单位全面落实项目环境影响评价文件提出的环保设施设计和取土场、弃土场的设置及边坡防护等设计要求。

5. 委托当地环境监测部门进行必要的环境监测,组织对施工现场的环境保护检查,监督承包人做好各项环境保护工作。

二、乙方职责

1. 严格遵守国家有关环境保护的法律法规,贯彻执行交通运输主管部门和环保主管部门有关施工环境保护的规章和规定,依据行业主管部门颁发的监理规范,全面履行工程施工环境保护监理职责。

2. 依据本项目环境影响评价文件和设计文件,负责对本项目规定范围内的环境现状进行全面踏勘,核对设计文件中有关环境保护设施设计的合理性,并对项目环境影响评价文件之外出现的新污染源等情况及时报告甲方。

3. 审查施工组织设计、施工方案是否按设计文件和环境影响评价报告的有关要求制订了施工环境保护措施,督促承包人加强建立健全环境保护管理机构和管理制度,通过巡视、旁站等方式,检查各项环境保护措施的落实情况。

4. 负责处理承包人违反有关环境保护规定、未按合同要求落实环保措施的不良行为;情况严重的,应及时报告建设单位,并签发《工程暂停令》要求承包人暂时停工。

5. 乙方应加强自身建设,按照合同约定配备环境保护监理人员,并持证上岗;制订环境保护监理管理制度,明确岗位职责和责任分工。

6. 配合当地环保主管部门的有关工作。

三、违约责任

如因甲方或乙方违约造成环境污染事故、环境破坏事件,将依法追究责任。

本合同正本一式二份,副本八份,合同双方各执正本一份,副本四份。由双方法定代表人或其授权的代理人签署并加盖公章后生效,全部工程竣工验收后失效。

甲方单位(全称并盖电子公章)①:_____
法定代表人
或其授权的代理人(签字):__________
地　址:____________________________
电　话:____________________________
日　期:____年____月____日

乙方单位(全称并盖电子公章)②:_____
法定代表人
或其授权的代理人(签字):__________
地　址:____________________________
电　话:____________________________
日　期:____年____月____日

① 如采用的是非电子招标,则为发包人单位公章。

② 如采用的是非电子招标,则为监理人单位公章。

附件七　项目图纸资料保密承诺书格式

项目图纸资料保密承诺书

______________________(监理人名称)将完善____________(项目名称)工程图纸资料制作、移交、归档等管理制度,严格落实图纸资料管理要求。在本工程实施期间及验收完成后,所有图纸资料均按照内部资料管理,不通过互联网与任何单位和个人进行与本项目有关图纸资料交换传递,不通过任何途径向本项目无关方泄露和传播本项目有关图纸资料。

我方同时承诺,不通过互联网与任何单位和个人进行与本项目有关图纸资料交换传递,不通过任何途径向本项目无关方泄露和传播本项目有关图纸资料。

承诺人(盖监理人单位章):__________________

法定代表人

或其授权的代理人(签字):__________________

日　期:____年____月____日

第五章　监理服务费报价

第五章　监理服务费报价

1. 监理服务费报价说明

1.1　本监理服务费报价是完成合同条款中约定监理服务阶段的监理服务范围和内容所需要的监理服务费用。

1.2　本监理服务费报价应与招标文件中的投标人须知、通用合同条款、专用合同条款、标准以及招标范围涵盖工程内容一起阅读和理解。

2. 监理服务费报价表

2.1　监理服务费报价汇总表

监理标段名称：___________________

序号	项 目 名 称	合计(元)	备注
1	施工阶段监理服务费(含施工准备期、施工及交工验收期)		
2	缺陷责任期阶段监理服务费		
3	其他费用①		
4	监理服务费总价		=(1)+(2)+(3)

投标人(全称并盖电子公章)②：______

法定代表人

或其委托代理人(签字)③__________

日　期：____年____月____日

① 监理办标准化(含信息化)建设及配套辅助人员等，具体构成见表2.4。

② 如采用的是非电子招标，则为投标人单位公章。

③ 如采用的是电子招标，无此要求。

2.2 施工阶段监理服务费计算表

监理标段名称:____________________

序号	拟投入监理人员岗位	拟投入监理人员数量	服务时间(月)	月费用标准(元)	小计(元)	备注
1						
2						
3						
4						
5						
…						
施工阶段监理服务费合计						

投标人(全称并盖电子公章)[①]:______

法定代表人

或其委托代理人(签字)[②]__________

日　期:____年____月____日

① 如采用的是非电子招标,则为投标人单位公章。

② 如采用的是电子招标,无此要求。

2.3　缺陷责任期阶段监理服务费计算表

监理标段名称：____________________

序号	拟投入监理人员岗位	拟投入监理人员数量	服务时间（日）	工日费用标准（元）	小计（元）	备注
1						
2						
3						
4						
5						
…						
缺陷责任期阶段监理服务费合计						

投标人（全称并盖电子公章）[①]：______

法定代表人

或其委托代理人（签字）[②]__________

日　期：____年____月____日

① 如采用的是非电子招标，则为投标人单位公章。

② 如采用的是电子招标，无此要求。

2.4 其他费用计算表

监理标段名称:____________________

序号	费 用 细 目	小计(元)	备注
1	办公、生活用房		
2	办公设备		
3	通信、交通设施		
4	生活设施		
5	测量仪器		
6	试验设备(如有)		
7	配套辅助人员		
8	信息化与标准化建设		
…			
其他费用合计			

投标人(全称并盖电子公章)[①]:______
法定代表人
或其委托代理人(签字)[②]__________
日　期:____年____月____日

① 如采用的是非电子招标,则为投标人单位公章。
② 如采用的是电子招标,无此要求。

第　二　卷

第六章　图纸和资料

第六章　图纸和资料

1. 图纸清单

序号	图名	图号	出图日期	备注

2. 资料清单

序号	资料名称	资料责任单位	编号	日期	备注

第　三　卷

第七章　技 术 标 准

第七章 技 术 标 准

一、通用施工监理规范

公路工程监理执行最新交通运输部《公路工程施工监理规范》(JTG G10—2016)。该规范是中华人民共和国行业标准,由交通运输部发布,由人民交通出版社股份有限公司出版,此规范为本工程施工监理合同的重要组成部分,由监理人自备。

二、专用施工监理规范

本规范原则按最新交通运输部《公路工程施工监理规范》(JTG G10—2016)执行,若后期浙江省交通质监主管部门有适用的对交通运输部《公路工程施工监理规范》(JTG G10—2016)的细化规范出台,则按最新规范执行。

三、施工技术规范

施工技术规范包括以下内容：

(1)本工程施工标段招标文件中的技术规范；

(2)所有与工程施工有关的国家现行的公路建设标准、规范、规程及相关文件。

第 四 卷

第八章　投标文件格式

第一个信封（商务及技术文件）封面样式

________________（项目名称）施工监理招标

投 标 文 件

第一个信封（商务及技术文件）

投标人（全称并盖电子公章）[①]：____________

法定代表人（盖电子章）[②]：____________

____年____月____日

① 如采用的是非电子招标，则为投标人单位公章。

② 如采用的是非电子招标，则为法定代表人或委托代理人签字。

目　　录

一、投　标　函

致：________________（招标人名称）：

1. 我方已仔细研究了________________（项目名称）施工监理招标文件的全部内容（含第____号至第____号补遗书）后，在此郑重表示，愿意按照递交的商务文件及技术文件确定的投入力量和工作方法，遵照监理招标文件中提出的各项要求，以报价文件中填报的监理服务总费用承担并完成本工程在施工阶段及缺陷责任期阶段的监理服务工作，监理服务期为____个月，对第三方履约管理的服务目标为________。

总监理工程师：__（姓名）__，职称：__________；监理资格证书编号：__________。

2. 我方承诺在投标有效期内不修改、撤销投标文件。

3. 随同本投标函提交投标保证金一份，金额为人民币：（大写）______元（¥____）。

4. 如我方中标：

（1）我方承诺在收到中标通知书后，在中标通知书规定的期限内与你方签订施工监理合同。

（2）我方承诺按照招标文件规定向你方递交履约保证金。

（3）我方承诺在接到发包人的书面进驻通知后在发包人要求的期限内进驻现场并开展监理工作。

5. 我方在此声明，所递交的投标文件及有关资料内容完整、真实和准确，且不存在第二章“投标人须知”第 1.4.3 项规定的任何一种情形。

6. ______________________________（其他补充说明）。

投标人（全称并盖电子公章）[①]：________________

法定代表人（盖电子章）[②]：____________________

地　址：________________________________

网　址：________________________________

电　话：________________________________

传　真：________________________________

邮　编：________________________________

日　期：______年____月____日

① 如采用的是非电子招标，则为投标人单位公章。

② 如采用的是非电子招标，则为法定代表人或委托代理人签字。

二、法定代表人身份证明或附有法定代表人身份证明的授权委托书

(一)法定代表人身份证明

投标人名称:________________________

单 位 性 质:________________________

地　　　址:________________________

成立时间:______年____月____日

经营期限:__________________________

姓名:______性别:______年龄:______职务:________系______________(投标人名称)的法定代表人。

特此证明。

此处附法定代表人身份证的正反面复印件。

投标人(全称并盖电子公章)[①]:____________

法定代表人(盖电子章)[②]:________________

日　期:______年____月____日

---

① 如采用的是非电子招标,则为投标人单位公章。

② 如采用的是非电子招标,则无此要求。

(二)授权委托书[①]

本人________(姓名)系____________________________(投标人名称)的法定代表人,现委托________(姓名)为我方代理人,并授权其以我方名义签署、澄清、说明、补正、递交、撤回、修改____________(项目名称)施工监理投标文件、签订合同协议书和处理有关事宜,其法律后果由我方承担。

委托期限:__________。

代理人无转委托权。

附:法定代表人身份证明和委托代理人身份证的正反面复印件。

投标人(全称并盖电子公章)[②]:_______________

法定代表人(盖电子章)[③]:_________________

身份证号码:________________________________

委托代理人(姓名,无须签字或盖章)[④]:________

身份证号码:________________________________

日　期:______年____月____日

注:以联合体形式投标的,本授权委托书应由联合体牵头人的法定代表人按上述规定签署。

① 以法定代表人名义签署投标文件的,可不附授权委托书。

② 如采用的是非电子招标,则为投标人单位公章。

③ 如采用的是非电子招标,则为法定代表人签字。

④ 如采用的是非电子招标,则为委托代理人签字。

三、投标保证金[①]

投标人按照第二章“投标人须知”第 3.4 款投标保证金规定的形式和金额,提交投标保证金。

① 如果采用的是电子招标,此格式取消。

投标保证金

致:________________（招标人全称）

________________（投标人名称）根据本工程施工监理招标文件第二章“投标人须知”第3.4款投标保证金要求,已将投标保证金人民币____元按招标文件中______的形式缴纳至______（招标文件中约定的账户）。

投标保证金交付凭证

复印件或扫描件粘贴处

四、监 理 机 构

投标人拟派驻监理机构组织框图

五、资格条件审查资料

(一)投标人基本情况表

<table>
<tr><td>投标人名称</td><td colspan="4"></td></tr>
<tr><td colspan="5">营业执照</td></tr>
<tr><td>营业执照编号</td><td></td><td>注册资金</td><td colspan="2"></td></tr>
<tr><td>发照机关</td><td></td><td>注册地址</td><td colspan="2"></td></tr>
<tr><td>成立时间</td><td></td><td>企业性质</td><td colspan="2"></td></tr>
<tr><td>经营范围</td><td colspan="4"></td></tr>
<tr><td colspan="5">企业资质</td></tr>
<tr><td>企业资质等级</td><td></td><td>证书编号</td><td colspan="2"></td></tr>
<tr><td>发证机关</td><td></td><td>业务范围</td><td colspan="2"></td></tr>
<tr><td colspan="5">领导层构成情况</td></tr>
<tr><td></td><td>姓名</td><td>职务</td><td>职称</td><td>联系电话</td></tr>
<tr><td>法定代表人</td><td></td><td></td><td></td><td></td></tr>
<tr><td>企业负责人</td><td></td><td></td><td></td><td></td></tr>
<tr><td>技术负责人</td><td></td><td></td><td></td><td></td></tr>
<tr><td>财务负责人</td><td></td><td></td><td></td><td></td></tr>
<tr><td colspan="5">人员职称构成情况</td></tr>
<tr><td>人员总数</td><td>高级职称</td><td>中级职称</td><td>初级职称</td><td>其他</td></tr>
<tr><td rowspan="3"></td><td></td><td></td><td></td><td></td></tr>
<tr><td>管理人员</td><td colspan="2">监理人员</td><td>后勤人员</td></tr>
<tr><td></td><td colspan="2"></td><td></td></tr>
<tr><td colspan="2">45 岁以下</td><td>45 ~60 岁</td><td colspan="2">60 岁以上</td></tr>
<tr><td colspan="2"></td><td></td><td colspan="2"></td></tr>
<tr><td colspan="5">自______年到______年营业额情况(万元)</td></tr>
<tr><td colspan="2">______年</td><td>______年</td><td colspan="2">______年</td></tr>
<tr><td colspan="2"></td><td></td><td colspan="2"></td></tr>
</table>

注:本表后应附公司简介、法人营业执照副本(全本)(并加盖电子公章)、监理资质证书副本(全本)(并加盖电子公章)、基本账户开户许可证(并加盖电子公章)[①]等相关资料的扫描件。

① 如采用的是非电子招标,则为投标人单位公章。

(二)投标人近年已完工的类似工程一览表

序号	工程名称	规模	总投资（万元）	建设单位	建设起止时间	备注

附表　投标人近年已完工的类似工程明细表

<table>
<tr><td rowspan="2">1</td><td colspan="2">工程名称</td><td colspan="3"></td></tr>
<tr><td colspan="2">工程地点</td><td colspan="3"></td></tr>
<tr><td rowspan="2">2</td><td rowspan="2">建设单位</td><td>名称</td><td></td><td>联系人</td><td></td></tr>
<tr><td>地址</td><td></td><td>联系电话</td><td></td></tr>
<tr><td rowspan="2">3</td><td rowspan="2">施工单位</td><td>名称</td><td></td><td>联系人</td><td></td></tr>
<tr><td>地址</td><td></td><td>联系电话</td><td></td></tr>
<tr><td>4</td><td colspan="5">合同身份(标明其中之一)
□独立承监人　□联合体牵头人　□联合体成员</td></tr>
<tr><td>5</td><td colspan="5">工程施工合同总价:</td></tr>
<tr><td>6</td><td colspan="5">工程质量等级、获得何种荣誉:</td></tr>
<tr><td>7</td><td colspan="5">工程开工及竣工时间:</td></tr>
<tr><td>8</td><td colspan="5">工程规模和主要工程内容:</td></tr>
</table>

注:1. 监理业绩证明文件需提供:①施工监理合同协议书;②发包人出具的交工验收证书或经项目主管质量监督部门确认的监理项目评定书。二者缺一不可,否则业绩不予认可。

2. 上述资料中的监理人名称与投标人名称必须一致(监理人名称发生合法变更的,需提供合法变更的有效文件),否则业绩不予认可。

3. 工程规模解释顺序为:监理项目评定书、交工验收证书、合同协议书;如上述资料中均未体现工程规模、工程内容的,投标人还应提供由项目发包人出具并经项目行业主管部门或项目主管质量监督部门确认的有关数据信息,否则业绩不予认可。

(三)投标人在监的和新承监的项目一览表

序号	工程名称	规模和主要 工程内容	总投资 (万元)	建设单位	建设起止时间

注:附中标通知书和(或)施工监理合同协议书扫描件。

(四)投标人拟投入本项目总监理工程师及其他主要监理人员汇总表

序号	姓名	拟任监理职务	性别	年龄	学历	专业	专业技术职称	监理持证证号	专业工作年限	根据交通运输部最新信用评价结果,个人评价周期内累计扣分值

(五)投标人拟投入本项目总监理工程师及其他主要监理人员简历表

姓名		性别		年龄	
职称		毕业院校			
毕业时间		最高学历		专业	
监理资格			证书编号		
拟出任岗位		专业工作年限		监理工作年限	

主要工作经历						
年月	单位	工程名称	在项目中担任岗位	主要工作	证明人	联系电话

目前在监的和新承监的项目名称	
担任职务	
在监的和新承监的项目计划交工时间	
奖惩情况	

注:后附资料详见投标人须知附录 3 的相关要求。

(六)拟投入监理办设施设备及监理工程师、监理员(试验员)承诺书

致:____________(招标人全称)

我谨代表__________(投标人全称)郑重承诺:若我单位成为____________项目________工程第________监理标段的中标人,将保证配备、派遣满足招标文件规定的监理办设施设备及________专业监理工程师和监理员(试验员)到场,即基本设施设备及监理人员的人数、技术职称、监理资格、工作经历和年龄等所有各项条件均满足招标文件合同专用条款的规定要求,为本工程监理工作服务。

特此承诺。

投标人(全称并盖电子公章):______________

法定代表人(盖电子章):________________

日　期:______年____月____日

(七)投标人履约信誉情况表

项目	投标人情况	投标人如实填写[①]
履约信誉	1. 不存在投标人须知第 1.4.3 项的情形	
	2. 近__3__年(自____年____月____日以来),在工程项目的投标和建设过程中,投标人及其拟委任的总监理工程师无行贿行为发生(以检察机关出具的行贿犯罪档案查询结果为准,时间以法院判决书日期为准)	
	3. 监理人信用等级(监理人信用等级以浙江省交通运输厅最新的监理企业信用评价结果为准,浙江省交通运输厅最新的监理企业信用评价结果未涉及的按 B 级处理)	浙江省交通运输厅最新信用等级:____

① 投标人应如实填写,若存在不符合招标文件履约信誉要求的情形但隐瞒不报的,经查实作否决处理。

(八)投标人近年财务状况表[①]

附由独立于投标人的会计事务所出具的本文第二章“投标人须知前附表”第3.5.2项规定年度的审计报告。

① 浙江省一般不作要求。

六、投标人须知前附表规定的其他材料

七、监理大纲

第一节 工程概述

第二节 监理工作的范围

第三节 主要监理岗位的职责

（一）总监理工程师的职责

（二）其他主要监理人员及岗位的职责

第四节 本工程监理工作重难点分析及对策

第五节 监理工作的程序与措施

（一）施工准备期监理的程序和措施

（二）施工及交工验收期监理的程序和措施

1. 安全监理的程序和措施

2. 质量监理的程序和措施

3. 费用监理的程序和措施

4. 进度监理的程序和措施

5. 施工环境监理的程序和措施

6. 合同管理的程序和措施

7. 信息管理的程序和措施

8. 组织协调的方法和措施

（三）缺陷责任期阶段监理的程序和措施

（四）记录和报告格式

第六节 对本工程的建议

八、联合体协议书(如有)[①]

________________(所有成员单位名称)自愿组成____________(联合体名称)联合体,共同参加______________(项目名称)施工监理的投标。现就联合体投标事宜订立如下协议:

1. ________________(某成员单位名称)为__________(联合体名称)牵头人。

2. 联合体牵头人合法代表联合体各成员负责本招标项目投标文件编制和合同谈判活动,并代表联合体提交和接收相关的资料、信息及指示,并处理与之有关的一切事务,负责合同实施阶段的主办、组织和协调工作。

3. 联合体将严格按照招标文件的各项要求,递交投标文件,履行合同,并对外承担连带责任。

4. 联合体各成员单位内部的职责分工如下:______________________________。

5. 总监理工程师由与联合体牵头人有合同关系且在其岗位登记的人员担任,姓名:________,监理资格证书号码:__________。

6. 本协议书自签署之日起生效,合同履行完毕后自动失效。

7. 本协议书一式____份,联合体成员和招标人各执一份。

牵头人名称(全称并盖电子公章):____________

法定代表人(盖电子章):____________________

成员一名称(全称并盖章):__________________

法定代表人(签字):________________________

成员二名称(全称并盖章):__________________

法定代表人(签字):________________________

……

日　期:______年____月____日

注:本协议书由委托代理人签字的,应附法定代表人签字的授权委托书。

---

① 不接受联合体投标时,此格式不适用或取消。

第二个信封(报价文件)封面样式

________________________(项目名称)施工监理招标

投 标 文 件

第二个信封(报价文件)

投标人(全称并盖电子公章)[①]:______________

法定代表人(盖电子章)[②]:___________________

_______年_____月_____日

---

① 如采用的是非电子招标,则为投标人单位公章。

② 如采用的是非电子招标,则为法定代表人或委托代理人签字。

目　　录

一、报　价　函

致：________________（招标人全称）

经研究________________（项目名称）施工监理招标文件的全部内容（含第____号至第____号补遗书）后，我方就上述监理服务工作进行投标。

根据分析计算，我方愿以投标价人民币（大写）__________元（￥____元），完成本招标规定的所有工作内容，并接受招标文件第三章“评标办法”第3.4.3项规定的对本投标价进行的“算术性修正”。

其中：施工阶段（含施工准备期、施工及交工验收期）监理服务费：____元；

缺陷责任期阶段监理服务费：____元；

其他费用：____元。

投标人（全称并盖电子公章）[①]：____________

法定代表人（全称并盖电子章）[②]：__________

地　址：____________________________

网　址：____________________________

电　话：____________________________

传　真：____________________________

邮　编：____________________________

日　期：______年____月____日

① 如采用的是非电子招标，则为投标人单位公章。

② 如采用的是非电子招标，则为法定代表人或委托代理人签字。

二、监理服务费投标报价表

(一)监理服务费报价汇总表

监理标段名称:____________________

序号	项 目 名 称	合计(元)	备注
1	施工阶段监理服务费(含施工准备期、施工及交工验收期)		
2	缺陷责任期阶段监理服务费		
3	其他费用①		
4	监理服务费总价		=(1)+(2)+(3)

投标人(全称并盖电子公章)②:______

法定代表人

或其委托代理人(签字)③:__________

日 期:____年____月____日

① 监理办标准化(含信息化)建设及配套辅助人员等,具体构成见其他费用计算表。

② 如采用的是非电子招标,则为投标人单位公章。

③ 如采用的是电子招标,无此要求。

(二)施工阶段监理服务费计算表

监理标段名称:____________________

序号	拟投入监理人员岗位	拟投入监理人员数量	服务时间（月）	月费用标准（元）	小计（元）	备注
1						
2						
3						
4						
5						
…						
施工阶段监理服务费合计						

投标人(全称并盖电子公章)①:______

法定代表人

或其委托代理人(签字)②:__________

日　期:____年____月____日

① 如采用的是非电子招标,则为投标人单位公章。

② 如采用的是电子招标,无此要求。

(三)缺陷责任期阶段监理服务费计算表

监理标段名称:____________________

序号	拟投入 监理人员岗位	拟投入监理 人员数量	服务时间 (日)	工日费用标准 (元)	小计 (元)	备注
1						
2						
3						
4						
5						
…						
缺陷责任期阶段监理服务费合计						

投标人(全称并盖电子公章)[①]:______

法定代表人

或其委托代理人(签字)[②]:__________

日　期:____年____月____日

① 如采用的是非电子招标,则为投标人单位公章。

② 如采用的是电子招标,无此要求。

(四)其他费用计算表

监理标段名称:____________________

序号	费用细目	小计(元)	备注
1	办公、生活用房		
2	办公设备		
3	通信、交通设施		
4	生活设施		
5	测量仪器		
6	试验设备(如有)		
7	配套辅助人员		
8	信息化与标准化建设		
…			
其他费用合计			

投标人(全称并盖电子公章)[①]:______
法定代表人
或其委托代理人(签字)[②]:__________
日　期:____年____月____日

① 如采用的是非电子招标,则为投标人单位公章。
② 如采用的是电子招标,无此要求。